Kawaii Stores Paris

# Introduction

パリのアーティストたちのアパルトマンを訪ねると
「このクッション、素敵ね」「この花器、きれい！」
目に入る雑貨や家具のひとつひとつが、気になるものばかり。
これまでジュウ・ドゥ・ポゥムが手がけてきた書籍でも
さまざまなインテリアを紹介してきました。
「パリジェンヌのお部屋に置いているような
雑貨はどこで見つかるの？」そんな声にお応えして
パリで出会った、雑貨屋さんへとご案内します。

インテリアはもちろん、キッチングッズに、手芸用品
文房具や、ガーデニング用品と、雑貨もいろいろ。
いま話題のコンセプトストアやセレクトショップ
アーティストたちによるアトリエショップも訪ねました。

かわいいオブジェが見つかる雑貨屋さんは
店内のディスプレイにも、楽しい工夫がいっぱい。
雑貨にまつわるストーリーが感じられて
これを家に持ち帰ったら、こんなふうに飾ろうかしらと
インテリアのアイデアも、たくさん浮かんできます。

素敵な雑貨に、チャーミングな人々、アイデアあふれる空間、
たくさんの出会いに満ちあふれた、パリの雑貨屋さんへようこそ。

ジュウ・ドゥ・ポゥム

Serendipity

本書で紹介した情報は、2011年8月取材当時のものです。取材後に変更している可能性もありますので、ご了承ください。また掲載された商品が店頭からなくなっていることもありますので、ご理解の上お楽しみいただければ幸いです。

# Contents

### クリエーターショップ
## BOUTIQUES DE CRÉATEURS

### Tsé & Tsé associées
ツェツェ・アソシエ ......... 6

### Le Petit Atelier de Paris
ル・プチ・アトリエ・ドゥ・パリ ......... 10

### Petit Pan
プチ・パン ......... 14

### ASTIER de VILLATTE
アスティエ・ドゥ・ヴィラット ......... 16

### ie
イエ ......... 18

### delphine pariente / claire naa
デルフィーヌ・パリアントゥ/クレール・ナア ......... 20

### MUSKHANE
ムスカハヌ ......... 22

### Atelier Beau Travail
アトリエ・ボー・トラヴァイユ ......... 24

### Miller et Bertaux
ミレー・エ・ベルトー ......... 28

### インテリア＆アクセサリーショップ
## DÉCORATION & ACCESSOIRES

### sentou
セントゥー ......... 30

### the collection
ザ・コレクション ......... 34

### FRENCH TOUCHE
フレンチ・トゥーシュ ......... 36

### Think&more…
シンク・アンド・モア ......... 40

### FLEUX'
フリュックス ......... 42

### bird on the wire
バード・オン・ザ・ワイア ......... 44

### Rose Bunker
ローズ・バンカー ......... 46

### De Bouche à Oreille Maison
ドゥ・ブーシュ・ア・オレイユ・メゾン ......... 48

### Pop Market
ポップ・マーケット ......... 50

### コンセプトストア
## CONCEPT STORES

### merci
メルシー ......... 54

### Home Autour du Monde
ホーム・オトゥール・ドゥ・モンド ......... 58

### colette
コレット ......... 60

### Blou
ブルー ......... 62

### 子ども向けグッズ
## POUR LES ENFANTS

### BONTON
ボントン ......... 64

### Lilli Bulle
リリブル ......... 66

### Filament
フィラメント ......... 68

### Les Petits Bla-Blas
レ・プチ・ブラ=ブラ ......... 70

### Pain D'épices
パン・デピス ......... 72

### Mandorla Palace
マンドラ・パラス ......... 74

### Serendipity
セレンディピティ ......... 76

キッチン用品＆お菓子屋さん
## BOUTIQUES GOURMANDES

### chez bogato
シェ・ボガト・・・・・・・・・・・・・・・・・・・・・・・・ 78

### E.DEHILLERIN
ウー・ドゥイルラン・・・・・・・・・・・・・・・・・・・・ 80

### la cocotte
ラ・ココット・・・・・・・・・・・・・・・・・・・・・・・・ 82

### MORA
モラ・・・・・・・・・・・・・・・・・・・・・・・・・・・・ 84

文房具屋さん
## PAPETERIES & PEINTURE

### Mélodies Graphiques
メロディー・グラフィック・・・・・・・・・・・・・・・・・ 86

### PAPIER +
パピエ・プルス・・・・・・・・・・・・・・・・・・・・・・ 88

### CALLIGRANE
カリグランヌ・・・・・・・・・・・・・・・・・・・・・・・ 90

### SENNELIER
セヌリエ・・・・・・・・・・・・・・・・・・・・・・・・・ 92

手芸屋さん
## MERCERIE, TRICOT & BRODERIE

### la droguerie
ラ・ドログリー・・・・・・・・・・・・・・・・・・・・・・ 94

### Le Bonheur des Dames
ル・ボヌール・デ・ダム・・・・・・・・・・・・・・・・・・ 96

### Le Comptoir
ル・コントワール・・・・・・・・・・・・・・・・・・・・・ 98

### Ultramod
ウルトラモッド・・・・・・・・・・・・・・・・・・・・・・ 100

### La Croix & La Manière
ラ・クロワ・エ・ラ・マニエール・・・・・・・・・・・・・・ 102

ガーデニング＆ペット用品ショップ
## JARDINAGE & ANIMAUX

### Le Prince Jardinier - Deyrolle
ル・プランス・ジャルディニエ＝デイロール・・・・・ 104

### moustaches
ムスタシュ・・・・・・・・・・・・・・・・・・・・・・・ 108

ヴィンテージショップ
## BOUTIQUES VINTAGE

### Au Petit Bonheur la Chance
オー・プチ・ボヌール・ラ・シャンス・・・・・・・・・ 110

### Madame Chose
マダム・ショーズ・・・・・・・・・・・・・・・・・・・・ 114

### Tombées du Camion
トンベ・デュ・カミオン・・・・・・・・・・・・・・・・・ 116

### Minibus Petit Bazar Vintage
ミニバス・プチ・バザール・ヴィンテージ・・・・・・・ 118

### L'appartement Emmaüs au 104
ラパルトマン・エマウス・オー・104・・・・・・・・・ 112

### Pudding
プディング・・・・・・・・・・・・・・・・・・・・・・・ 124

BOUTIQUES DE CRÉATEURS

好奇心と遊びごころが詰まったクリエイティヴな空間

# Tsé & Tsé associées

ツェツェ・アソシエ

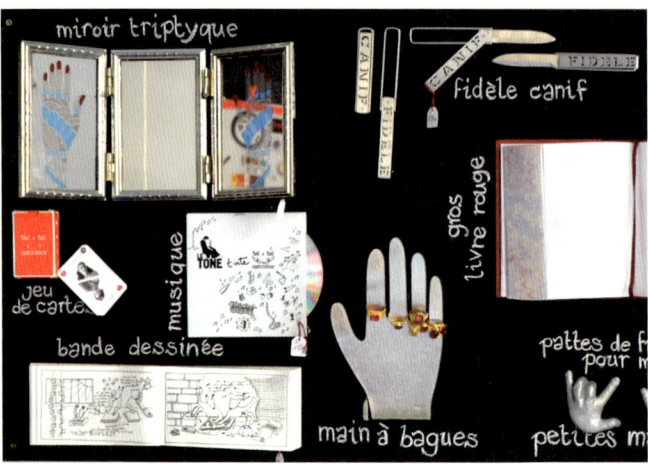

カトリーヌ・レヴィとシゴレーヌ・プレボワ、ふたりのパリジェンヌによるデザインユニット「ツェツェ・アソシエ」。自分たちが欲しいと思うものを形にしてきた彼女たちが、はじめてのショップをついにオープンさせました。オレンジのネオンサインが輝くファサードの中には、代表作の「キュービストライト」や「四月の花器」をはじめ、これまでに手がけたすべてのアイテムが勢揃い。ユーモアたっぷりの楽しいクリエーションが、カラフルにディスプレイされた店内は、ツェツェ蝿たちが見せる夢の世界のよう。いつもサプライズがある場所にしたいというふたり。このショップだけの限定アイテムを発表するなど、新しいアイデアも今後ますます広がっていきそうです。

**Tsé & Tsé associées**
7, rue Saint Roch 75001 Paris
métro : Tuileries
tél : 01 42 61 90 26
open : mon-sat 11:15-19:00
www.tse-tse.com

左上：吊るしたり巻いたり、さまざまな飾り方を楽しむことができる「キュービストライト」。左中：のみの市で見つけたスーツケースに入っているのは「ミリメートルのコート掛け」。右上：ふたりが座る「モロッコソファー」は、全部で9色。左下：キャンドルホルダー「夜の雪小屋」。右下：現在3サイズを展開している「四月の花器」。このXXLは、ふたりが好きなシャクヤクの花に似あうように生まれました。

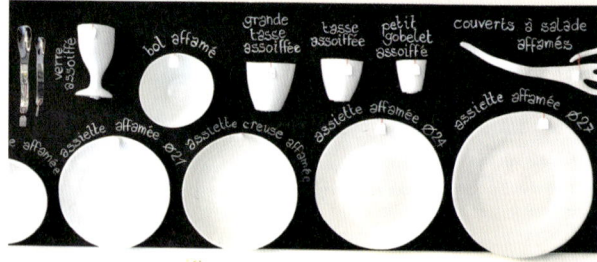

上：古いテーブルやお肉屋さんのカウンターを使うなど、インテリアはすべてふたりのアイデア。ドアノブにはトルコのしあわせのお守り、目のステッカーが貼られています。中：食器コレクションは、黒板にディスプレイ。左下：シルクのスカーフは、この「コントローラ」とツェツェの全作品の2柄。中下：「ランタン・ショーケース」の中に、「ツェツェのビッグブック」という分厚いノートをディスプレイ。右下：花たちがガラスの浮き輪で水面を泳ぐ「浮き輪の花器」。

BOUTIQUES DE CRÉATEURS

小さなアトリエから生まれる、ポエティックな磁器

# Le Petit Atelier de Paris

ル・プチ・アトリエ・ドゥ・パリ

フランスの小学校の給食室で使われるグラスをモチーフにしたカップや、フランス語のメッセージをスタンプしたプレートなど、シンプルな中にも、やさしさ漂う磁器を発表している「ル・プチ・アトリエ・ドゥ・パリ」。自分たちの手で5年かけてリノベーションしたショップでは、クリエーターのジェとステファン、そして愛犬のポンポンが迎えてくれます。お店の地下にあるアトリエで作られる繊細な磁器たちは、すべて手づくりなので、ひとつひとつ表情が微妙に違うところも魅力的。この小さなアトリエから生まれる作品を手にした人が、パリを思い出してくれたらうれしいというふたり。こころがほっとあたたかくなるような磁器と出会うことができます。

**Le Petit Atelier de Paris**

31, rue de Montmorency 75003 Paris
métro : Arts et Métiers, Rambuteau
tél : 01 44 54 91 40
open : thu-sat 13:00-20:00
www.lepetitatelierdeparis.com

左上：内側に茶葉が広がっていく様子が描かれた「ボウル・ア・テ」18€。右上：スイカの仲間の植物コロシントの形をした花器。シンプルでナチュラルなフォルムにひかれて。左中：エスプレッソでおもてなしするときに使ってほしい「セルヴィス・ア・カフェ」。左下：紙製のケーキ型からインスピレーションを受けた「ムール・ア・ガトー」1枚9€。右下：ウィンドウに飾られた星型ランプはもうすぐ商品化される予定。

左上：犬のポンポンは、お客さまをお出迎えする受付係。ポンポンのおうちは、ふたりの手作り。
右上：木製をよく目にするコーヒー用スティックとアイスクリームスプーンも磁器で。右中：小石の形をした花器セット。5個入り38€。左下：磁器のアルファベット1€。右下：ジョアンナ・コンセホがあこがれの職業、建築家・ガーデナー・ミュージシャン・お菓子屋さんを描いたタオル15€。

左上：イラストレーターのイリス・ドゥ・ムウイとコラボレーションした展示会「ナイト・テイルズ」で発表した雲の形のお皿。右上：イリスがパリの四季を描いたお皿。左中：イリスのイラスト入りキッチンクロス18€。左下：キッチンクロスは、チーズの木箱を手がけているメーカーと出会って生まれた箱に。右下：家のようなあたたかい雰囲気の店内。あちこちにふたりの好きな星がちりばめられています。

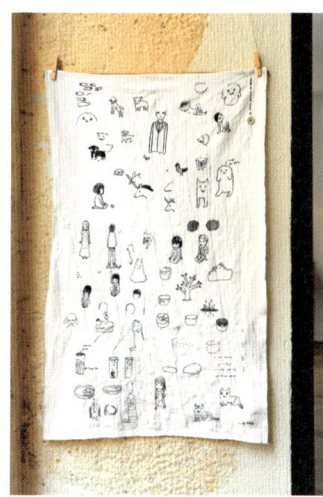

BOUTIQUES DE CRÉATEURS

ポップな色とモチーフを、子どものように楽しんで

# Petit Pan

プチ・パン

ちょうちょやとんぼ、魚たちが吊るされた、「プチ・パン」の店内は、カラフルにいろどられた楽しい世界。中国の伝統的な凧づくりのテクニックがいかされたカイトやモビール、ランプは、すべて中国のアトリエでハンドメイドされています。クリエーターのミリアム・ドゥ・ロールとパン・ガングの出会いのきっかけは、パンのお父さん手づくりの凧。

ふたりは中国のアートや文化にインスピレーションを受けて、ちょっとレトロなプリントの子ども服やアクセサリー、インテリア雑貨を手がけるようになりました。手づくりの繊細さとあたたかさを大事にしたオリジナルのアイテムとともに、中国でセレクトしたボタンや鈴、布などハンドメイドのためのカラフルで楽しい素材もたくさん揃います。

### Petit Pan Saint-Paul
39 et 76, rue François Miron 75004 Paris
métro : Pont Marie, Saint-Paul
tél : 01 44 54 90 84
open : mon-sun 10:30-19:30

### Petit Pan Bac
95, rue du Bac 75007 Paris
métro : Rue du Bac, Sèvres-Babylone
tél : 01 45 48 72 25
open : mon-sat 10:30-19:30
www.petitpan.com

左上：凧づくりのテクニックをいかして中国のアトリエで作られる、しろくまのオブジェ170€。左中：
竹とシルクで作られた軽やかなオーナメントは、好きなモチーフを組みあわせて、自分だけのモビールに。
右上：オーナメントをはじめ、ボタンやビーズなど手づくりが楽しくなる素材が揃う店内。左下：すいか
とラディッシュのカイト8€。右下：オリジナルのテキスタイルで作られた、カラフルなくるみボタン。

BOUTIQUES DE CRÉATEURS

エレガントな陶器や雑貨が集まる、シックなバザール

# ASTIER de VILLATTE

アスティエ・ドゥ・ヴィラット

ひとつひとつに手のぬくもりが感じられる、クラシカルなフォルムが美しい「アスティエ・ドゥ・ヴィラット」の陶器たち。クリエーターは、イヴァン・ペリコリとブノワ・アスティエ・ドゥ・ヴィラットのふたり。子どものころを過ごしたローマでの思い出や、のみの市で出会う古いオブジェにインスピレーションを得て、この繊細で優美なデザインが生まれました。サントノーレ通りにあるショップでは、代表作の陶器やテーブルウェアはもちろん、ステーショナリーやキャンドルなどのオリジナル・アイテムとともに、ふたりが出会ったクリエーターたちの作品もセレクトされています。彼らのコレクションと同じく、ほかでは見られない個性を持った美しいオブジェが集まる、シックなバザールのような空間です。

**ASTIER de VILLATTE**

173, rue Saint-Honoré 75001 Paris
métro : Palais Royal, Pyramides, Tuileries
tél : 01 42 60 74 13
open : mon-sat 11:00-19:30
www.astierdevillatte.com

左上：クリエイティブ・ユニット「コミューン・ドゥ・パリ」とコラボレーションしたシルク・スカーフ85€。左中：調香師フランソワーズ・キャロンと手がけたキャンドルは、世界各地の街からインスパイアされた香り。右上：金属細工のアトリエショップだったころから使われていた棚に、陶器を並べて。右下：持ち手が優美なシンプル・シリーズのティーカップ61€。右下：「コミューン・ドゥ・パリ」とのコレクション。

17

BOUTIQUES DE CRÉATEURS

カラフルで楽しいプリント地の子ども服とインド雑貨

# ie
イエ

日本語の「家」を由来に店名をつけた「イエ」は、オリジナルのテキスタイルを使った子ども服と、インドで見つけた雑貨が集まる楽しいショップ。洋服デザイナーのノリコ・シオジリと建築家のドゥルゲ・レグレ、ふたりの知識と経験をミックスして、このお店は生まれました。いちばんの魅力は、肌触りのいいコットンに、ユニークなモチーフが美しい色あいでプリントされた、インド生まれのテキスタイル。年に2回、新しいコレクションを手がけるときに、ふたりはインドのアトリエへ行き、ノリコがデザインした商品づくりの場に立ち会います。職人さんが持つテクニックのすばらしさには、いつも感動を覚えるそう。ノリコとドゥルゲのインドでの出会いが詰まった楽しい空間です。

ie
128, rue Vieille du Temple 75003 Paris
métro : Filles du Calvaire
tél : 01 44 59 87 72
open : mon 13:00-19:00
　　　 tue-sun 11:00-19:30
www.ieboutique.com

左上：赤ちゃんを抱えるアフリカン・ママ人形。右上：フランスのプチ・コラン社の赤ちゃん人形が入ったスノーボール。左中：出産お祝いに人気の着物風アンサンブル。左下：インドのハンディキャップの人たちが手がけるファミリー人形。おうちとお庭が描かれたバッグの中に7人の家族が入っています。右上：天井からはインドのガラス・ランプを吊るして。店内の内装はすべて自分たちの手で。

19

BOUTIQUES DE CRÉATEURS

ストーリーあふれるヴィンテージ素材のアクセサリー

# delphine pariente/ claire naa

デルフィーヌ・パリアントゥ / クレール・ナア

ジュエリーとヴィンテージの家具や雑貨をミックスした、ストーリーあふれるウィンドウ・ディスプレイでいつも目を楽しませてくれる「デルフィーヌ・パリアントゥ / クレール・ナア」。デルフィーヌはヴィンテージのオブジェを使った一点物のジュエリーや、ゴールドやシルバーを素材にした限定コレクションを手がけるデザイナー。そしてクレールは「オリガミ・ジュエリー」と「ブライ」というふたつのブランドを立ち上げ、ジュエリーを発表しているデザイナーです。ショップでは、そんなふたりのクリエーションはもちろん、古いオブジェを愛するデルフィーヌがセレクトした50年代の雑貨や家具も販売。当時のデザインが、ジュエリーのモダンでエレガントなスタイルを引き立てています。

**delphine pariente / claire naa**
10, rue de Birague 75004 Paris
métro : Saint-Paul, Bastille
tél : 01 42 71 84 64
open : mon-sun 11:00-19:00
www.delphinepariente.fr
www.origamijewellery.com

左上：フォルムがユニークな50年代から60年代のデスクランプ100€。右上：いまでも動く目覚まし時計は40€、壊れているものはディスプレイ用に25€。左中：メッセージ入りのゴールド・プレートがついたネックレス。ロングは90€、ショートは75€。5日以上前にお願いすれば、オリジナルのメッセージを刻印するサービスも。左下：クレールとアルノーがデザインする「オリガミ・ジュエリー」。

BOUTIQUES DE CRÉATEURS

みんなが笑顔になれる、やさしいフェルトとカシミア

# MUSKHANE

ムスカハヌ

ウール・フェルトを素材にしたインテリア雑貨と、カシミア・ニットの洋服のコレクションを発表している「ムスカハヌ」クリエーターのヴァレリー＆ティエリー・ビロット。旅が大好きなふたりは、ヒマラヤの文化とアート、そしてネパールの職人さんたちとの出会いにインスピレーションを受け、このブランドをスタートさせました。マレ地区の小さな通り沿いにあるショップには、心まであたたかくしてくれるような、やわらかい素材感のアイテムがカラーバリエーション豊富に並んでいます。フェアトレードに取り組んでいるふたり。ネパール語でスマイルを意味する店名のとおり、ヒマラヤに暮らす人々とそこで作られた品々を手にしてくれるお客さま、どちらにも笑顔を届けたいと考えています。

**MUSKHANE**
3, rue Pastourelle 75003 Paris
métro : Rambuteau, Filles du Calvaire,
　　　　Arts et Métiers
tél : 01 42 71 07 00
open : mon-fri 10:00-19:00
　　　　sat 11:00-19:00
www.muskhane.fr

上：ヴァレリーお気に入りのアイテム、フェルト素材のバスケット。やわらかい質感でベッドルームや子ども部屋など、さまざまなシーンで活躍してくれそう。中：人気のフェルト・カーペットは、さまざまな色やデザインで、お部屋のアクセントに。左下：カシミア・ニットのアクセサリー。中下：フェルト素材の封筒は、クラッチバッグとして使っても素敵。右下：「ムスカハヌ」で展開しているアイテムのカラーサンプル。

BOUTIQUES DE CRÉATEURS

週末だけのアトリエショップで出会う、新しい才能

# Atelier Beau Travail

アトリエ・ボー・トラヴァイユ

4匹のクリエイティヴなみつばちたちのための、にぎやかな蜂の巣が「アトリエ・ボー・トラヴァイユ」。みつばちとは、「アコンニ・ナブル」バッグデザイナーのデルフィーヌ・デュノワイエと、ランプアーティストのセリーヌ・サヴィ、「デュエットゥ・デザイン」テキスタイルデザイナーのラシェル・ペロカン＆エレーヌ・ジョルゲのこと。ベルヴィルの高台にあるこの空間は、平日はそれぞれの作品づくりを手がけるアトリエとして、そして土曜日になるとショップとしてオープンし、4人の作品はもちろん、彼女たちがセレクトした若いクリエーターたちの作品を展示販売しています。ファッションに、インテリア、イラストなど、さまざまなジャンルのクリエーターたちが集まる、いきいきとした空間です。

Atelier Beau Travail
67, rue de la Mare 75020 Paris
métro : Jourdain
tél : 06 76 05 36 13
open : sat 14:00-19:00
www.beautravail.fr

**左上**：布のはぎれや紙などを使い、ひとつひとつ違う絵柄になっているセリーヌのミラー8€。**右上**：グラフィックデザイナーのエロディ・ジャレのポーチ。**左中**：ジュリア・ウトーがハンドメイドでポートレートを描いたカップ。**左下**：タシア・カネリによるアクセサリー。**右下**：道路で拾った板を使って、エレーヌの友だちが作ってくれた小屋は、4人のお気に入りで、展示会が終わったあともそのままに。

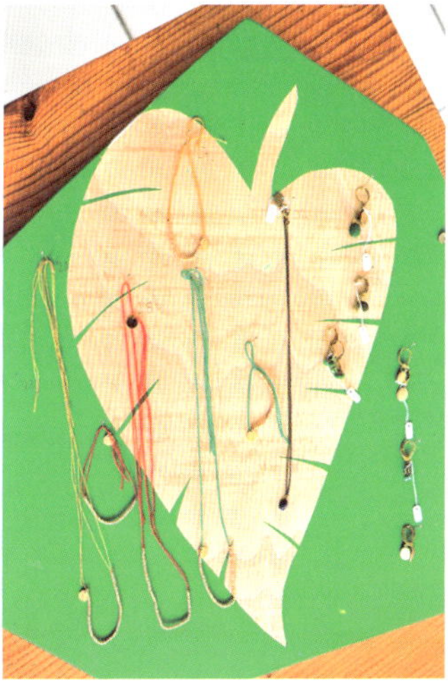

左上：セリーヌのランプは、すべてハンドプリント。右上：デルフィーヌのエナメルレザー・バッグと、「デュエットゥ・デザイン」のシルク・チュニック。左中：「ステュディオ・フルド」の木製ペンダントと、イラストレーターのマリー・アセナの動物メダル。左下：デルフィーヌの一点物のポーチ22€。右下：ラックには「デュエットゥ・デザイン」とセリーヌが手がけたTシャツ・コレクションが並んで。

ディスプレイも、すべて自分たちで楽しみながら。ウィンドウには、みんなで切り出した葉っぱをコラージュして、マリー・アセナに動物をペイントしてもらいました。

BOUTIQUES DE CRÉATEURS

洋服に小さなオブジェ、やさしいエスプリに包まれて

# Miller et Bertaux

ミレー・エ・ベルトー

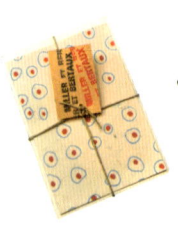  

マレ地区の石畳の通り沿いにある「ミレー・エ・ベルトー」。やわらかい光に照らされた店内は、ほのかなオリジナル香水の香りに包まれています。クリエーターは、もともと広告業界にいたパトリック・ベルトーと、インテリアデザイナーだったフランシス・ミレー。ファッションに旅、広告やアートなど、分野にとらわれず好きなものを表現していきたいという思いから、このショップをふたりでオープンさせました。上質な素材で作られた美しいカッティングのメンズとレディースの洋服に、7種の香水、そして彼ら自身で選んだオブジェたち。すべてのものに豊かなストーリーがあり、ひとつひとつ大切に扱われていることが、よく分かります。おだやかで、あたたかなエスプリ漂う空間です。

**Miller et Bertaux**
17, rue Ferdinand Duval 75004 Paris
métro : Saint-Paul
tél : 01 42 78 28 39
open : tue-sat 11:15-13:30, 14:00-19:00
www.milleretbertaux.com

上：ガラス張りのショーウィンドウは、ふたりの気分次第でディスプレイ替え。木の枝にアクセサリーを吊るしたり、メモ帳の1ページの上にオブジェを飾ったり、さりげないアイデアがいっぱい。中：中国のランタンのまわりに、古い刺しゅう道具をちりばめて。左下：最新作のオー・ド・パルファン「Om インスパイア... アンド・スマイル」は、エキゾチックな香り90€。中下：プリント布で包まれて、小枝が添えられたオリジナルのアロマ・キャンドル9€。右下：手すきの紙を使ったレターセット。

29

DÉCORATION & ACCESSOIRES

モダンなカラーリングとデザインに出会える空間

# Sentou
セントゥー

イサム・ノグチやツェツェ・アソシエ、ハンセン・ファミリーなど、世界中で出会ったすばらしいデザインを紹介しているインテリアショップ「セントゥー」。家具職人だったロベール・セントゥーが70年代に立ち上げ、その思いを受け継いだピエール・ロマネが現在ディレクターを務めています。マレ地区にあるショップは、大きくとられた窓から太陽の光がたっぷりと差しこむ気持ちのいい空間。3フロアに分かれた店内では、住まいをイメージしやすいように、リビングやダイニングなど、コーナーごとにテーマを設けてディスプレイ。オリジナルの「セントゥー・エディション」コレクションをはじめ、デザイナーたちとの長い付き合いの中で作品を一緒に育てているというのも、このショップの魅力です。

**sentou marais**
29, rue François Miron 75004 Paris
métro : Saint-Paul, Hôtel de Ville
tél : 01 42 78 50 60
open : tue-sat 10:00-19:00
www.sentou.fr

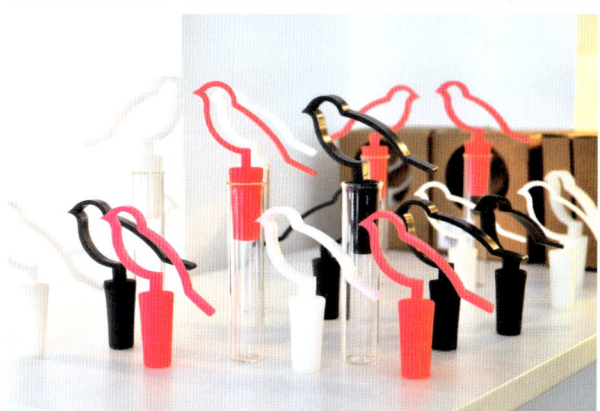

上：1階には家具や照明、テキスタイルやテーブルウェアなど、さまざまなクリエーターの作品をミックスしてディスプレイ。中：すずめの形をした「セントゥー」オリジナルのボトルキャップ8€。左下：オリジナルのキャンドルホルダー「フルール」は6個セットで25€。中下：チーク材のカトラリーセット「オオサカ」15€から。右下：ペーパーウェイト「オリガミ」。

31

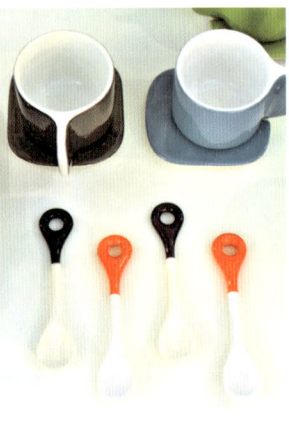

左上：座り心地がよさそうな、まるいフォルムのイスは「エディシオン・ハイ」の「ブロウ」。右上：クラウディオ・コルッチがデザインした「セントゥー」オリジナルのカラフェ70€。右中：オリジナルのテーブルウェア・コレクション「Ti」のアイテムは、個性的な色あわせを楽しめそう。左下：「トロンプ・ルイユ」のカメラ柄手帳。右下：天板の色味が美しいテーブル「ラリンド」は円形と豆型の2種類。

壁を明るく美しい色でペイントしたことで、さらにデザイン家具がいきいき見えてくるように。新しい色あわせのアイデアにあふれた空間です。

DÉCORATION & ACCESSOIRES

家具をレイアウトするように、壁紙も自由に楽しんで

# the collection
ザ・コレクション

マレ地区のポワトゥー通りにある「ザ・コレクション」は、イギリス出身のアリソン・グラントが、まだフランスで知られていないようなクリエーターを紹介したいとオープンさせたお店。ヨーロッパの作家たちの作品を中心に、コンテンポラリーで機能的だけれど、どこかストーリーを感じさせるデザイン・オブジェを扱っています。このショップを特徴づけるのが、ユニークなデザイン壁紙のセレクション。クリエーターとコラボレーションしたオリジナルをはじめ、大人から子ども向けまで、さまざまな図柄が揃います。壁に貼るだけではない、新しいディスプレイ・アイテムとして自由な発想で壁紙を提案してきた「ザ・コレクション」。空間に遊びをもたらしてくれるインテリア雑貨のお店です。

**the collection**
33, rue de Poitou 75003 Paris
métro : Filles du Calvaire,
　　　　Saint-Sébastien Froissart
tél : 01 42 77 04 20
open : mon 11:00-17:30
　　　　tue-sat 11:00-19:30
www.thecollection.fr

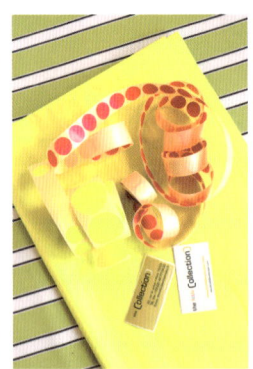

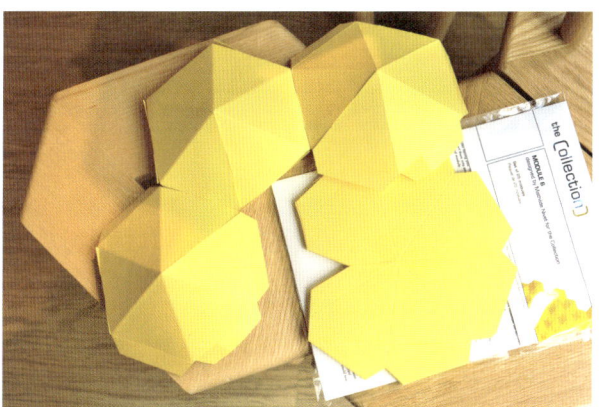

上：壁面にディスプレイされた、さまざまな絵柄のウォールペーパー。中：マチルダ・ニヴェが「ザ・コレクション」のために作ってくれた「モジュール6」。自分で組み立てたパーツを壁に貼って楽しむ3Dウォールペーパー。1セット25枚45€。左下：イギリスのクリエーターが手がけたボーンチャイナのカラフェと小皿。中下：フラミンゴの形をしたラベンダーの香りのウール・サシェ。右下：スウェーデンのデザイン・デザートの「エンペラー・ランプ」。

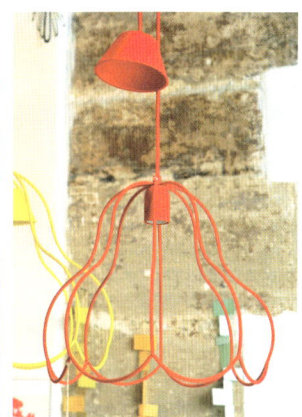

DÉCORATION & ACCESSOIRES

愛情のこもったオブジェたちのギャラリーショップ
# FRENCH TOUCHE
フレンチ・トゥーシュ

もともと薬剤師をしていたヴァレリーが、友だちのデザイナーたちの作品を発表する場所を作ろうと考えたのが「フレンチ・トゥーシュ」のはじまり。まだ世に出ていないクリエーターたちを紹介することをコンセプトに、はじめて手がけた、たったひとつしかないネックレスだとしても、ヴァレリーが素敵と思った作品を並べていくようにしました。そんなヴァレリーを慕い、集まる若いクリエーターたちもたくさん。アクセサリーや洋服、テーブルウエアにおもちゃ、インテリア雑貨などバリエーション豊かで、価格も50サンチームから250ユーロまでと幅広い品揃え。テーブルの上、棚の中、そして壁面まで、ヴァレリーとフレッシュなクリエーターたちのものづくりへの愛情にあふれる空間です。

**FRENCH TOUCHE,
galerie d'objets touchants**
1, rue Jacquemont 75017 Paris
métro : La Fourche
tél : 01 42 63 31 36
open : tue-fri 13:00-20:00
sat 11:00-20:00
www.frenchtouche.com

上：店舗が額縁屋さんだったころから使われていた大きなカウンターに、アクセサリーを並べて。中：セラミックのカップやドアノブをキャンバスにしたジュリア・ウトーの作品。左下：マリー＝ローズが手がけたブローチのシリーズ「レ・コケット」。中下：ハンドメイドのレザー小物は、「ラ・ビュース・ア・ソール」のデビュー作。右下：「Kui」の子ども用オーガニック・コットンTシャツと、「Nanana」のレザーポシェット。

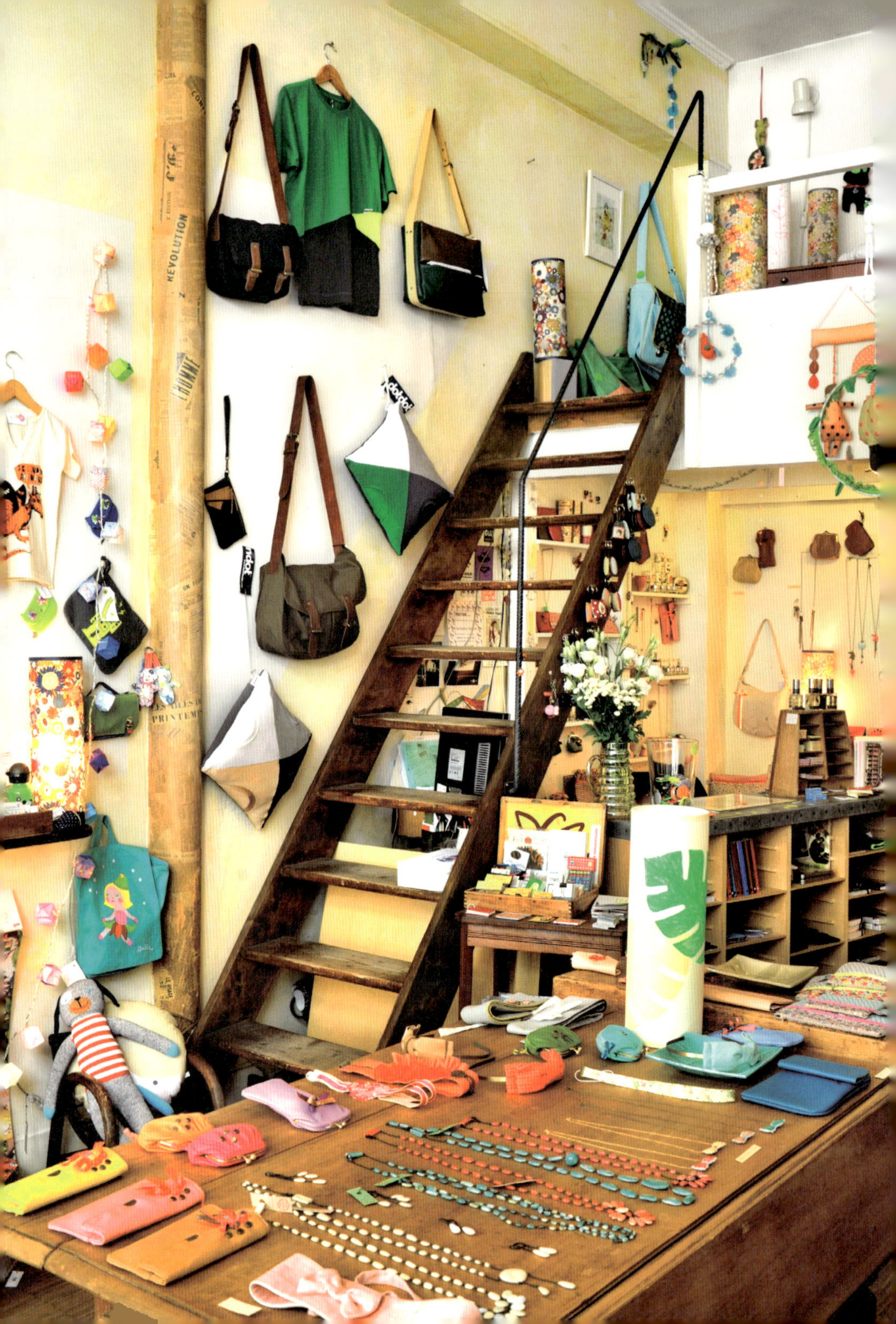
REVOLUTION

左上：ニューヨークで出会った「トウキョウミルク」のコスメは、パッケージもお気に入り。右上：ショップの隣に住む若いクリエーター「ギルメッティ」が手がける、バリ・ブローチ。左中：「ジョルジュ＆ロザリー」のキーホルダー。左下：フリップブックやユーモラスなバッジなど、小さなお楽しみを並べた木箱。右下：ヴァレリーの自宅にも飾っているという、セリーヌ・サヴィのランプ。

DÉCORATION & ACCESSOIRES

壁紙とデザイン・オブジェのグラフィカルなハーモニー

# Think & more...

シンク＆モア…

パレ・ロワイヤルとコメディ・フランセーズのあいだ、パリの中心と言えるカルチエにある「シンク＆モア…」。ファッション業界でデコレーターをしていたラリーと、インテリア好きなモルガン、ふたりで立ち上げたインテリアショップです。店名には「よく考えて、賢くショッピングして」という、彼らからのメッセージがこめられています。

もともとは壁紙や本、写真などを集め、紙をテーマにしたショップとしてスタート。いまでもすばらしい壁紙やアートブックのコレクションが並んでいますが、あわせて楽しみたいグラフィカルな魅力を持つ家具や雑貨もセレクト。店内にはギャラリースペースがあり、イラストレーターの作品を中心に展示会を行っています。

**Think&more...**
108, rue Saint-Honoré 75001 Paris
métro : Les Halles, Louvre Rivoli
tél : 01 40 26 18 51
open : mon 15:00-19:00
　　　tue-sat 11:00-19:00
www.thinkandmore.com

**左上**：北欧の「ムート」のキャンドルホルダー89€。**左中**：パリ、ベルリン、LA、ローマの風景のウォールステッカーは1巻4メートルで20€。「ラ・スリーズ・シュール・ル・ガトー」のポストカード柄ポーチ25€。**右上**：壁紙は3000柄ものストックがあるそう。**左下**：陶磁器で有名なリモージュの伝統を受け継ぐ新しいブランド「ノン・サン・レゾン」の食器。**右下**：アーティスト、ヤンカによるカバのオブジェ。

41

DÉCORATION & ACCESSOIRES

## 素敵なオブジェで、お部屋にしあわせな気分をプラス

# Fleux'

フリュックス

建築家のリュック・ムランと、フローリストとして活躍していたゲタン・オクシェが立ち上げた「フリュックス'」は、歴史があるマレ地区の中でも、もっとも古い通りにあるインテリアショップ。みんなにとって楽しく心地よい場所であってほしいというのが、ふたりの願い。リュック自身がインテリアを手がけた店内に、ヨーロッパの若いクリエーターが手がけるモダンな家具やインテリア雑貨と、ちょっとなつかしい気分にさせてくれるクラシカルなデザインのアイテムをミックス。アーティスティックな商品も多いですが、日常の中でアートを楽しめることを提案したいというふたり。家に持ち帰ったときに、しあわせな気分になれそうなオブジェをセレクトしています。

**FLEUX'**
39 et 52, rue Sainte Croix de la Bretonnerie
75004 Paris
métro : Hôtel de Ville, Rambuteau
tél : 01 42 78 27 20 / 01 42 77 73 85
open : mon-fri 11:00-19:30
　　　　sat 10:30-20:00
　　　　sun 14:00-19:00
www.fleux.com

左上：さまざまなデザインのフックを集めたコーナー。ディテールにユニークなデザインを加えると、お部屋が楽しくなりそう。右上：パリ市が作ったカラフェ17.90€。左中：キャンディー・ケース35€。左下：ポリスチレン製のこびと人形は、自分でペイントして楽しむこともできるそう9.9€。右下：お部屋にアクセントになる小物を加えたいとき、プレゼントを探しているときに訪れたくなるお店。

DÉCORATION & ACCESSOIRES

かわいい雑貨たちのおしゃべりが聞こえてきそう

# bird on the wire

バード・オン・ザ・ワイヤー

動物モチーフのアクセサリーや、キャラクターのぬいぐるみ、カラフルなステーショナリーなど、個性的でガーリーな雑貨が集まる「バード・オン・ザ・ワイヤー」。もともとはデザイナーのセリーヌが手がけるTシャツやワンピースなどの洋服を販売するウェブショップとしてスタートしました。ハンドメイドのコミュニティー＆ショッピングモール・サイトEtsyで出会ったクリエーターたちの作品も一緒に扱ううちに、次第に大きくなり、ついにバスティーユにショップをオープン。かわいいもの好きなパリジェンヌたちはもちろん、ガールフレンドへのプレゼントを探しにやってくる男の子たちも多いそう。フェミニンな中に、ユーモアを感じられる楽しい雑貨は、贈り物にぴったりです。

**bird on the wire**
2, rue de Lesdiguières 75004 Paris
métro : Bastille
tél : 01 42 74 83 79
open : tue-sat 12:00-19:30
www.botw.fr

左上：指につけたときに楽しい気分になれるデザインのリングたち。右上：アクセサリーは、若いデザイナーの作品をはじめ、ヴィンテージやオリジナルのアイテムも。右中：「ミニラボ」のぬいぐるみ19€。左下：お菓子型ケースに入った、いちごやチョコレートのフレーバー付きリップグロス3€。右下：ディスプレイには、トーマとセリーヌがのみの市で出会ったヴィンテージ雑貨を取り入れて。

45

DÉCORATION & ACCESSOIRES

古いオブジェを大切に、地球にやさしいリサイクル

# Rose Bunker

ローズ・バンカー

モンマルトルの丘のふもとにある、小さな村のようなアベス。サクレクール寺院が近いこともあり、ツーリストはもちろん、ショッピングで訪れるパリジェンヌたちで、週末は特ににぎわうカルチエです。フランスの作家でシャンソン歌手のアリスティード・ブリュアンの名前がついた通りにある「ローズ・バンカー」は、50年代から70年代にかけてのヴィンテージ雑貨と、リサイクルをテーマにしたアイテムが並ぶショップ。ブルターニュのカンペールにある店舗はヴァンサンが、新しくオープンしたパリの店舗はエリックが担当しています。商品をセレクトするときは、地球へのやさしさを忘れずに。世代を越えて長く使うには、見た目ももちろん大切と、素敵なデザイン・オブジェを集めています。

**Rose Bunker**
10, rue Aristide Bruant 75018 Paris
métro : Abbesses, Blanche
tél : 01 42 57 90 62
open : mon 13:00-19:30
　　　 tue-sat 10:30-19:30
　　　 sun 11:00-19:00
www.rose-bunker.fr

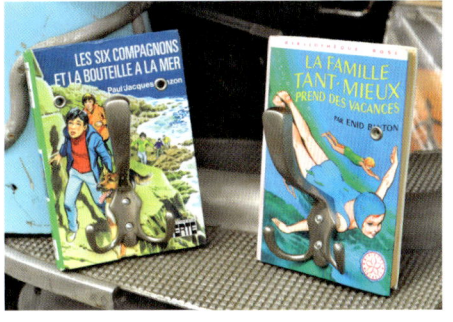

左上：素材もさまざまなヴィンテージの食器たちは3€から。右上：ヴィンテージの本をリメイクしたユニークな洋服掛け29€。左中：60年代の子ども用ミシンは、針やボビン、糸などもそのまま49€。左下：「Bubu's fab」のレコード盤を使ったスケッチブック19.50€。右下：ロフトには、ヴィンテージの子ども向けの本やキッチン用品などをディスプレイ。

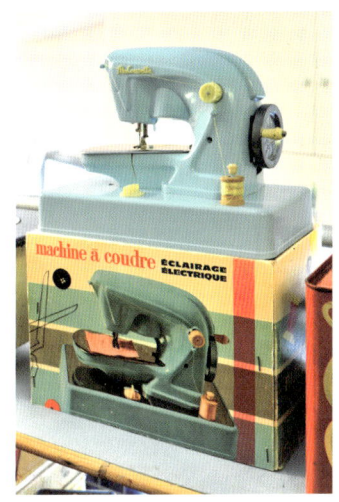

47

DÉCORATION & ACCESSOIRES

### ノスタルジックな風合いのオブジェが集まるラボラトリー

# De Bouche à Oreille Maison

ドゥ・ブーシュ・ア・オレイユ・メゾン

色あせた大小さまざまな地球儀に、拡大鏡、ちょうちょや昆虫の標本フレームなどが飾られたショーウィンドウは、まるで古いラボラトリーに迷いこんだような雰囲気。マレ地区のお店やレストランが多い通りにある「ドゥ・ブーシュ・ア・オレイユ・メゾン」は、アンティーク雑貨と古い風合いを出した雑貨をミックスしたインテリアショップ。もととアンティーク屋さんとして、このお店をスタートしたフレデリックとフランクでしたが、手にとりやすい価格のアンティーク調オブジェも取り入れて、より自由にお気に入りのスタイルを提案するように。コーナーごとに絵画を描くように、商品をディスプレイしていくというふたり。1段1段の引き出しの中にも、好奇心がくすぐられます。

De Bouche à Oreille Maison
26, rue du Roi de Sicile 75004 Paris
métro : métro Saint-Paul
tél : 01 44 61 07 03
open : mon-sat 11:00-19:00

左上：古いデザインを復刻した地球儀は、お店でも人気のアイテム69€〜。左中：リボンで吊るす、小さなフレーム型ペンダント10〜14€。左下：ナチュラルとインディゴブルー、2色を展開している、キャンバス素材のランプシェード。右下：ドーム型ガラスケースの中に、デッドストックのシルク糸のボビンをディスプレイ。ボビン19€、ガラスケース90〜230€。

49

## DÉCORATION & ACCESSOIRES

ハッピーとサプライズが詰まった、楽しいマーケット

# Pop Market
ポップ・マーケット

レストランやショップでにぎわうサンマルタン運河のほど近く、明るいピンクのファサードが目をひく「ポップ・マーケット」。もともと音楽業界にいたセリーヌがオープンした、この雑貨屋さんは、50年代のレトロなアメリカン・ポップのイメージ。フラッグチェック柄にタイルが敷き詰められた店内には、ステーショナリー、キッチン用品にテーブルウェア、クッション、ランプなど、さまざまなアイテムがにぎやかに並んでいます。なんでも触ってみて、試してみてほしいというセリーヌ。旅、キッチン、女の子など、それぞれのコーナーでテーマを感じさせるディスプレイをしているので、手にとるとイマジネーションが広がります。ユーモアがあって、キュートな雑貨は、きっと毎日を楽しくしてくれるはず。

**Pop Market**
50, rue Bichat 75010 Paris
métro : Gare de l'Est, Jacques Bonsergent, Colonel Fabien, République
tél : 09 52 79 96 86
open : tue-fri 11:00-15:00, 16:00-19:30
　　　sat 11:00-19:30
　　　sun 15:00-19:00
www.popmarket.fr

左上：アメリカの「トランペット」のベビー・ソックスは誕生祝いにおすすめ。6色入り28€。右上：「アデックス」の50年代風ラジオは、バスルームやキッチンに置くのにぴったり59€。左中：ノスタルジックなチェックがかわいらしい、オランダの「アット・ホーム・ウィズ・マリッケ」のポットとカップ。左下：インパクトのあるプリントが目をひく「ボンジュール・モン・クッサン」のクッション。

レジカウンターの前に置いたピンクのテーブルの上には、セリーヌが子どものころから夢中だったステーショナリーをディスプレイ。

上：ディスプレイ棚には、入り口近くに赤ちゃん向け、奥に進むほど大きな子どもたちも楽しめるアイテムを並べて。中：ヴァカンス先でつけたいアクセサリーや扇子など、「夏」をテーマにしたコーナー。左下：マイアミ・ビーチをイメージした、カクテル・グッズ。中下：フランスの40〜60年代のなつかしいオブジェをリバイバルしている「マーク・ヴィダル」の木製の乳歯入れ。右下：りんご柄キッチンクロスと「ジョゼフ・ジョゼフ」のレモンしぼり器。

53

CONCEPT STORES

ショッピングを楽しみながら、みんなにメルシー

# merci
メルシー

大きな通り沿いに並ぶお花屋さんとライブラリー・カフェ、そのあいだの小さな入り口を進むと、石畳の中庭に赤い車が停められていて……。エントランスから私たちを楽しませてくれる、セレクトショップ「メルシー」。1500㎡もの広さがある開放的な空間に、最新のファッション、インテリア、ヴィンテージ品まで、幅広いセレクションのアイテムが並びます。すべての商品の売上の一部は、恵まれない子どもたちをサポートする団体に寄付されます。ショッピングをとおして、さりげなくボランティアに参加することができるというのが、このショップのコンセプト。「人生にありがとう」「才能豊かなクリエーターたち、お店に来てくれたお客さまにありがとう」そんなたくさんの感謝が詰まったお店です。

**merci**
111, boulevard Beaumarchais 75003 Paris
métro : Saint-Sébastien Froissart
tél : 01 42 77 00 33
open : mon-sat 10:00-19:00
www.merci-merci.com

左上：中庭に停められた赤い車は、オープン当初からのシンボル。展示会のテーマにあわせて、カスタマイズされます。右上：刺しゅう柄が繊細なボウルと花器。右中：小さな贈り物にぴったりのオリジナル・メダル「2011」と「メルシー」各3.50€。左下：「メルシー」のメッセージがプリントされたクラフト紙ノート3.9～7.9€。中に封筒が綴じられたものも。右下：キャンドルを入れて吊るすことができる紙製ランタン10€。

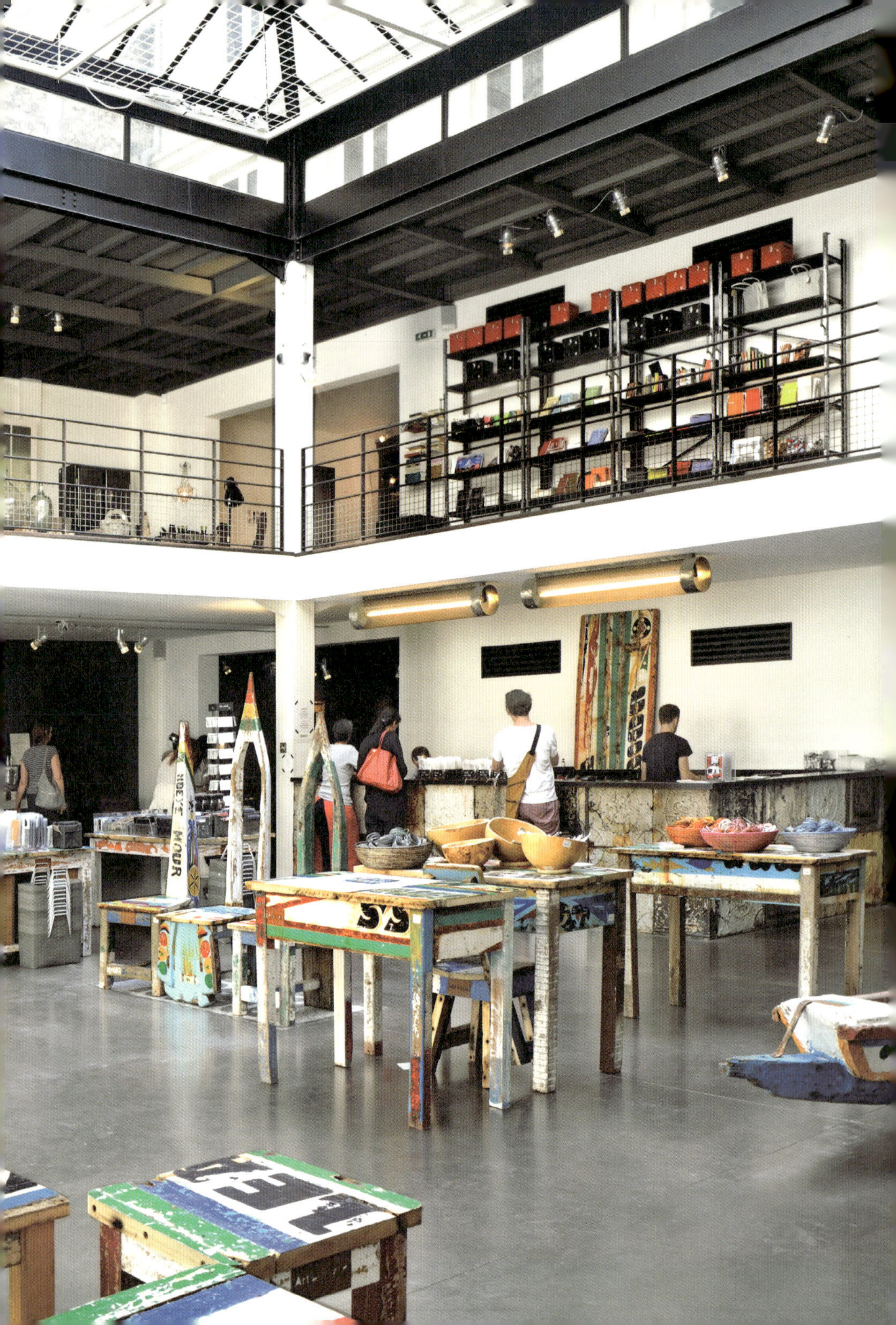
NDEYE MOUR

上：デザイナーの作品とヴィンテージの家具を自由にミックスした、インテリア・フロア。テーブルウェアや花器などもあわせて提案しています。左中：1枚1枚異なるデザインで「メルシー」が表現された、じゃばら型カード8.90€。左下：「アニック・グタール」とコラボレーションしたアロマ・キャンドル。右下：1階にある「アニック・グタール」のカウンターでは、香水を量り売りしています。

CONCEPT STORES

ナチュラルにカラフルに自分らしい世界をいろどって

# Home Autour du Monde

ホーム・オートゥール・デュ・モンド

カラーバリエーション豊富でベーシックなデザインのスニーカーが人気の「ベンシモン」。クリエーターのセルジュとイヴ・ベンシモン兄弟のおじいさんシャルルが、50年代にアメリカのミリタリー・アイテムを扱っていたのがブランドのルーツです。大人気のスニーカー・コレクションも、デッドストックの白いスニーカーをカラフルに染色して発表したのがはじまり。いまでは「オートゥール・デュ・モンド」という洋服ブランドも展開しています。セルジュがマレ地区に立ち上げた「ホーム・オートゥール・デュ・モンド」は、自分らしいライフスタイルづくりのためのアイデアあふれるコンセプトストア。ファッションに、インテリア、香水や音楽など、自由なミックス感が楽しめる空間です。

**Home Autour du Monde**
8, rue des Francs Bourgeois 75003 Paris
métro : Saint-Paul
tél : 01 42 77 06 08
open : mon-sat 10:30-19:00
　　　 sun 13:30-19:00
www.autourdumonde.com

左上：キャンドルホルダーに花器、さまざまなクリエーターのセラミック作品をミックス。左中：パリジェンヌなら1足は必ず持っているという「ベンシモン」定番のスニーカー27€。右上：さまざまなフォルムのジョージ・ネルソンのバブルランプを天井から吊り下げて。右下：パリの風景をプリントしたクッション35€。右下：「サマーグラス」「ヴァカンスの思い出」などの名前がつけられたオリジナルの香水22€。

CONCEPT STORES

モードなセレクトショップで出会う、ポップな雑貨たち

# Colette
コレット

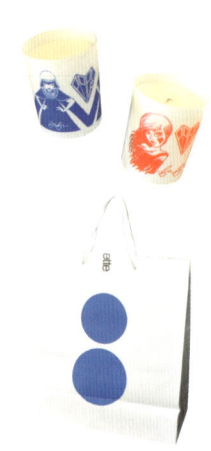

サントノーレ通りにある「コレット」は、オープンした1997年からいまも変わらず、世界中から注目を集めるセレクトショップ。ファッションはもちろん、音楽やコスメ、写真、グラフィックに、最新のテクノロジーまで、さまざまな分野の新しいデザインを集め、ユニークな視点でそのすべてをミックスしながら紹介しています。地下はコスメ・コーナーとレストラン「ウォーター・バー」、そして2階のファッション・フロアには、毎月新しい展示会が開催されるギャラリースペースも。1階は本や雑誌、DVDをはじめ、カメラに時計など、いつもフレッシュなカルチャーが感じられます。レジカウンターに置かれたアクリルボックスに入ったポップな雑貨たちは、小さなパリの思い出になりそう。

colette
213, rue Saint-Honoré 75001 Paris
métro : Tuileries, Pyramides
tél : 01 55 35 33 90
open : mon-sat 11:00-19:00
www.colette.fr

左上：1階のレジカウンター前は、いつもにぎやか。右上：「アトリエ・ルビー」の水玉模様のスクーター・ヘルメット600€。白地に青い水玉の「コレット」限定のカラーリングも。右中：店内でも、いつもたいているアロマキャンドル「エール・ドゥ・コレット」25€。左下：何が入っているかはお楽しみの「コレット・サプライズバッグ」20€。右下：さまざまな機能が楽しい「ロモグラフィー」のカメラ。

CONCEPT STORES

たくさんの色が集まる空間で、色あわせを楽しんで

# Blou
ブルー

バティニョール地区にある「ブルー」は、コンテンポラリーなデザインと色使いを提案するコンセプトストア。もともと薬品化学の会社で新しい薬の開発に携わっていたというジュリアンとニコラ。ふたりは化学よりもアートやグラフィックデザインの話で意気投合。特に色が大好きということで、このお店が生まれました。フランス、イギリス、フィンランドやスウェーデンなどで活躍する若いクリエーターたちが手がけた、作り手の気持ちが伝わってくるような作品をセレクトしているというふたり。ゆったりとデザイン家具をディスプレイしているので、居心地がよく、友だちの家を訪れたかのような雰囲気。きれいな色あわせを見ているうちに、新しい色を家へと連れて帰りたくなってしまいます。

**Blou**
77, rue Legendre 75017 Paris
métro : Place de Clichy
tél : 01 46 27 50 84
open : tue-sat 11:00-19:30
www.blou.eu

上：フランスのスチール家具ブランド「トリックス」のイスやテーブルと、オリヴィエ・ドレによる木をモチーフにした本棚をコーディネートして、ふたつの素材感をミックス。中：アメリカの若い女性クリエーター、エステル・ラミレスによるアクセサリー。左下：フランスの「Ak-Lh」のクッション。中下：「Piu-Piu」のトナカイとひつじのぬいぐるみ。右下：ボーダーが愛らしい、1947年から続くフランスの靴メーカー「コレジアン」の室内履き。

POUR LES ENFANTS

大人も楽しい、子ども服ブランドのコンセプトストア

# BONTON
ボントン

元気いっぱいの子どもたちはもちろん、おしゃれを楽しみたいパパとママにもうれしい、子ども服ブランド「ボントン」。シンプルなカッティングで着心地のいい素材を使った、きれいな色使いのベーシックな洋服を発表しています。パリにある店舗の中でも、北マレ地区にある、この店舗は3フロアに、0歳から12歳までの子ども服はもちろん、家具や雑貨、お菓子など幅広いセレクトの商品を美しくディスプレイ。ゆったりと「ボントン」の世界観が楽しめる空間です。子どものための美容室、赤ちゃん連れのママにうれしいお着替えコーナーや、家族で記念に撮影したいモノクロのプリントシール機も。子どもたちが自然と遊びたくなるような空間づくりに、大人もわくわくしてきます。

**BONTON**
5, boulevard des Filles du Calvaire 75003 Paris
métro : Saint-Sébastien Froissart
tél : 01 42 72 34 69
open : mon-sat 10:00-19:00
www.bonton.fr

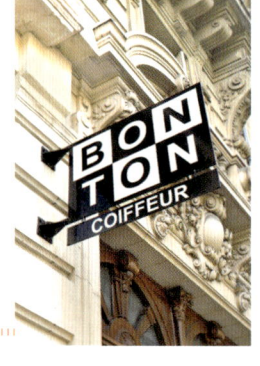

左上：ニューヨークの「エリアウェア」のクッション。左中：フランスの「ラレ」の小さなスーツケースとポーチ。右上：天井で美しく輝く大きなシャンデリアは、老舗の壁紙ブランド「ズベール」のショップだったころの名残。この建物が歩んだ歴史の思い出として、そのままに。左下：子どもたちの毎日をいろどりたいと扱いをスタートしたキッチンツール。右下：「ボントン」のオリジナル布地で作ったクッション。

POUR LES ENFANTS

子どものためのクリエーションとの出会いの広場

# Lilli Bulle

リリ・ビュル

子どものための宝物がいっぱい詰まった宝箱のような「リリ・ビュル」。子ども向けの商品が発表される合同展示会で、まだ世に知られていない才能あふれるクリエーターたちと知りあったアンヌ・クリステル。自分たちの作品を販売してくれる場所が少ないという彼らの思いにふれ、それならば自分がその場所を作ろうと決心。ファッション界にいた経験があるアンヌ・クリステルのアドバイスは、若いクリエーターたちの創作や、お客さまのおしゃれにも、いいヒントを与えてくれます。できるだけたくさんの作品を紹介したいという店内は、まるでアリババの洞くつのよう。宝探し気分で、いままで知らなかったクリエーターの作品や、自分だけのお気に入りと出会うことができる、喜びに満ちあふれた空間です。

**Lilli Bulle**
3, rue de la Forge Royale 75011 Paris
métro : Ledru Rollin, Faidherbe Chaligny
tél : 01 43 73 71 63
open : tue-fri 10:00-13:30, 15:00-19:00
　　　 sat 11:30-19:00
www.lillibulle.com

左上：フランスの「クレマンスG」が手がける、一点物のにわとりオルゴール。ひもをひっぱると「ラ ヴィアン・ローズ」の調べが流れます。右上：フランスの「マイ・ネーム・イズ・シモーヌ」の人形。 左中：布の素材や色を変えながら毎シーズン発表される「ルイーズ・エ・ヴァランタン」のマーガレッ ト・ワンピース。左下：ガブリエル・アズナールによる「メメント・モリ」シリーズのアクセサリー。

67

POUR LES ENFANTS

# Filament
フィラモン

しゃぼん玉のアーチを抜けて、子どものころの夢の国へ

ナチュラルで素朴な風合いの木のファサードに吊るされたおもちゃの車から、しゃぼん玉がふわふわ。ファンタジーあふれる「フィラモン」は、写真撮影のために子どものころからお気に入りだったというカウボーイのコスチュームを着てくれたトーマと、奥さまのアンヌのふたりがオープンしたお店。「フィラモン」オリジナルの子ども靴は、ふたりのあいだに赤ちゃんが生まれたときに、トーマが手づくりの靴をプレゼントしたのがきっかけ。いまでは豊富なカラーバリエーションで、それぞれの年代で履きやすいデザインの靴コレクションを発表しています。そして大人になっても大切にしたい子どものころの思い出の品になるような、おもちゃや雑貨をセレクト。学校帰りの子どもたちで大にぎわいの夢の国です。

**Filament**
10, rue de Lesdiguières 75004 Paris
métro : Bastille
tél : 01 42 09 81 83
open : tue-sat 10:30-19:30

左上：キュートな赤ちゃんのおもちゃ。左中：すでに85色も発表してきたという赤ちゃん用の室内履き。0-6か月、6-12か月、12-18か月の3サイズ展開。左下：池に浮かべて遊ぶヨットは、フランスの子どもたちが大好きなおもちゃのひとつ22-98€。右下：子どものころに遊んだ、なつかしいおもちゃが店内にはいろいろ。ボールを打ちあう「ジョカリ」も、トーマがおじいさんと遊んだ思い出のおもちゃのひとつ。

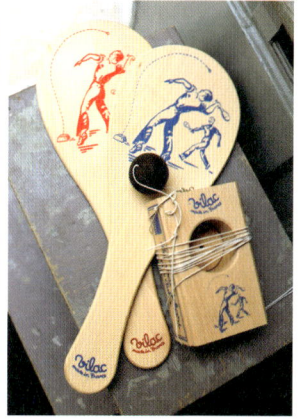

69

POUR LES ENFANTS

レトロでカラフル、おしゃべりなプリント雑貨たち

# les petits bla-blas

レ・プチ・ブラ=ブラ

カウボーイや宇宙飛行士、お花にチェック柄、子どもらしい楽しさあふれるプリント布地で作られた洋服やインテリア雑貨。パスカリーヌが手がける「レ・プチ・ブラ=ブラ」のコレクションと、おもちゃやステーショナリーなど彼女のお気に入り雑貨が並ぶショップは、11区のクルソル通り沿いにあります。「レ・プチ・ブラ=ブラの家に遊びにきた」そんなふうに感じてほしいという、店内はアットホームな雰囲気。壁面はブルーやカーキにペイントして、ロンドンのデザイナー、オーラ・カイリーによる壁紙をアクセントに取り入れて。ちょっぴりノスタルジックでカラフルなコレクションは、パスカリーヌによるハンドメイド。すべての作品が、お店に設けたアトリエから生まれています。

**les petits bla-blas**
7, rue de Crussol 75011 Paris
métro : Filles du Calvaire, Oberkampf
tél : 06 15 91 68 47
open : tue-sat 12:00-19:00
www.lespetitsblablas.com

左上：スウェーデンのイラストレーター、インエラ・P・アレニウスによる動物マトリョーシカ。右上：「レ・プチ・ブラ゠ブラ」のランプシェード。右中：「ザ・バター・フライイング」のフェルト・モビール。左下：「リバティ」やアメリカのヴィンテージ布で作ったクッションもオリジナル・アイテム。右下：以前はインテリアデザイナーだったというパスカリーヌ自ら、内装を手がけた店内。

POUR LES ENFANTS

ディテールまで美しいドールハウスとミニチュア雑貨

# Pain D'épices
パン・デピス

ガラス張りの天井からやわらかな光が降り注ぐパッサージュ・ジュフロワは、19世紀にパリではじめて鉄とガラスを素材に作られたアーケード街。その中にある「パン・デピス」は、人形作家として活躍していたフランソワーズとご主人がオープンしたおもちゃ屋さん。ドールハウスをはじめ、ミニチュアの家具や雑貨、テディベアを作るための材料キット、そして子どもたちが喜ぶおもちゃが店内にはずらり。子どものころを思い出して、大人はちょっとノスタルジックな気分に。そして、いまの子どもたちには「昨日」を見せてあげる場所でありたいというフランソワーズ。パン屋さんやカフェ、お菓子屋さんなど、フランスでよく見られるショップの店先を再現できるキットはおみやげにもぴったり。

## Pain D'épices
29, passage Jouffroy 75009 Paris
métro : Grands Boulevards
tél : 01 47 70 08 68
open : mon 12:30-19:00
　　　 tue-sat 10:00-19:00
www.paindepices.fr

72

左上：さまざまな時代や職業のコスチュームを着たドールハウス用の人形。およそ100種類が揃っているそう。右上：キッチン用品は、ミニチュアの中でも種類が豊富で人気のアイテム。左中：カラー印刷された紙を、切ったり、折ったり、貼ったりして作るミニチュアのお花屋さん。左下：ミニチュアの小麦粉袋。右下：ドールハウスのための小さなパーツがディスプレイされたコーナー。

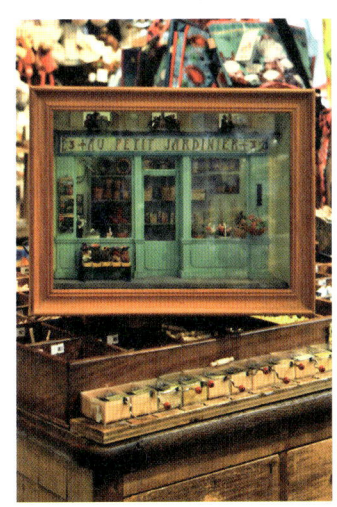

POUR LES ENFANTS

ママの愛情あふれる、カラフルな子どもたちの宮殿

# Mandorla Palace

マンドルラ・パレス

マレ地区のサン・ジェルヴェサン・プロテ教会のすぐそばにある「マンドルラ・パレス」は、子どもたちのためのインテリア雑貨ショップ。ぞうさんのマークの看板の下、パープルにペイントされたファサードの中には、カラフルなクリエーター作品でいっぱい。家具やテキスタイル小物、ステーショナリー、おもちゃ、プラスチックのテーブルウェア、収納グッズに、アクセサリーなど幅広く扱っています。オーナーのサンドリーヌは、映像関係の仕事をしていたときに、子どもが生まれて、すこしずつ自分の暮らしを変えようと、このお店をオープン。いまでは3人のママという彼女が子どもたちと過ごす毎日の中で、自然とつちかってきた感性でお店づくりをしています。

**Mandorla Palace**
34, rue François Miron 75004 Paris
métro : Saint-Paul, Hôtel de Ville, Pont Marie
tél : 01 48 04 71 24
open : mon & sun 14:00-19:00
　　　 tue-fri 10:30-19:00
　　　 sat 11:00-19:00

左上：サンドリーヌ・ブイヌがカスタマイズした一点物のイス90€。「シッドキッド」のねずみのぬいぐるみは、子どもにも大人にも人気のアイテム。右上：「アー・ケル・プレジール」のサーカスクッション。左中：「マイ・リトル・ホーム」の星形フックに、「ヤムヤム・クリエーションズ」のモビールをかけて。左下：ステファニー・キャプリーズのガーランド22.5€。右下：ドアを開けると、カラフルでポエティックな雑貨がお出迎え。

POUR LES ENFANTS

かわいいだけじゃない、シックな子どもの世界

# Serendipity

セレンディピティ

「セレンディピティ」とは英語で、素敵なものを偶然に発見する才能という意味。そんな才能を発揮したくなる、このお店は子どもの世界をいろどるインテリアショップ。子どもはもちろん、大人にも愛されるチャーミングな家具や雑貨が集められています。エルザとローランスのふたりは、のみの市が大好き。古いオブジェを集めているうちに「子ども部屋」というテーマが浮かんできて、当時はめずらしかった子どものためのシックなインテリアを提案するショップが生まれました。子どもだからという視点ではなく、大人もいいと思えるものを。モダンとヴィンテージをミックスし、一点物や限定の作品を大切にしています。インスピレーション豊かな店内ディスプレイは、インテリアの参考になりそう。

**Serendipity**
81-83, rue du Cherche Midi 75006 Paris
métro : Vaneau, Sèvres Babylone,
　　　　Saint-Placide
tél : 01 40 46 01 15
open : tue-sat 11:00-19:00
www.serendipity.fr

左上：ベリーヌとマチルドのユニット「デザコール」による「泣き虫きつね」と「グリグリ枝」。左中：子ども部屋にポエティックな明かりをもたらす、きのこ型ランプ。シックなゴールドは「セレンディピティ」だけの限定カラー。右上：ラタン製の「カプセルソファー」や、オリジナルのベッド「ルイ22」が並ぶコーナー。左下：ヴィンテージ布地を使ったハンドメイドのふくろうクッション。右下：ノスタルジックな表紙のノート。

77

BOUTIQUES GOURMANDES

おいしくて、かわいい！夢あふれるお菓子屋さん

# Chez bogato

シェ・ボガト

チョコレート色のファサードに、ピンクのスウィートな壁紙。まるでお菓子の家のような「シェ・ボガト」は、広告業界でアートディレクターをしていたアナイス・オルメールがオープンしたお菓子屋さんです。子どものころ、誕生日にはお料理が得意なママと、デコレーション上手なパパが力をあわせて、スキー場やくじらなど、子どもたちが好きなモチーフのケーキを作ってくれていたというアナイス。そんなすばらしい思い出が、カラフルでファンタジーあふれるお菓子の数々が並ぶ、このショップのルーツになりました。おいしいお菓子はもちろん、アナイスが選んだかわいらしいお菓子づくりの道具やキッチン用品、パーティをいろどるアイテムなど、楽しい雑貨もたくさん！

chez bogato
7, rue Liancourt 75014 Paris
métro : Mouton Duvernet, Denfert Rochereau
tél : 01 40 47 03 51
open : tue-sat 10:00-19:00
chezbogato.fr

左上：プリントが楽しい「レ・プチ・ブラ＝ブラ」のスタイ。左中：サーカスを描いた朝食用食器セット26€。右上：2011年からサロン・ド・テもスタートして、店内でお菓子を楽しめるようになりました。左下：水玉模様が愛らしいメラミン素材の食器。切れ味のよいフランス「オピネル」のナイフは、先端が丸くなっているので子どもたちに安心。右下：「ボンム・ピポカ」のキッチンクロスと、りんごのスポンジ。

BOUTIQUES GOURMANDES

にわとりがシンボル、プロ御用達のキッチン用品

# E.DEHILLERIN

ウー・ドゥイルラン

その昔は「パリの台所」と呼ばれ、食品の卸売り市場が1970年代まであったレ・アール。いまでも、おいしいレストランが数多く集まるカルチエで、プロフェッショナルのパティシエやシェフたち御用達のキッチン用品を扱うお店が建ち並んでいます。1820年にオープンした「ウー・ドゥイルラン」も、そのひとつ。ユージェーヌ・ドゥイルランが立ち上げ、現在のオーナーのエリックで5代目という家族で受け継がれてきたアットホームな雰囲気のお店です。ケーキ型に、お鍋、ナイフ、ソルト＆ペッパー入れなど、本物志向の品ばかり。信頼のおける定番を大切にしているところが、長い間、料理好きの人々に愛されてきたお店であることを感じさせてくれるお店です。

**E.DEHILLERIN**
18 et 20, rue Coquillière /
51, rue J-J. Rousseau 75001 Paris
métro : Les Halles, Louvre Rivoli
tél : 01 42 36 53 13
open : mon 9:00-12:30, 14:00-18:00
　　　 tue-sat 9:00-18:00
www.e-dehillerin.fr

左上：小さなタルト型は、おままごとにもぴったりで、子どもたちに人気のアイテム。右上：イースターによく使われる、にわとりのチョコレート型。左中：お肉や野菜の串焼きを作るときに使うスティック8€。左下：エッフェル塔の抜き型は、小さなサイズが7€、大きなサイズが17€。右下：壁にずらりと並べられた、さまざまな鍋やケーキ型は昔から変わらないディスプレイ。

81

BOUTIQUES GOURMANDES

おいしいお菓子と、楽しいお料理雑貨のアトリエショップ

# la cocotte

ラ・ココット

おいしいビストロが軒を連ねるポール・ベール通りにある「ラ・ココット」。2007年から料理にまつわる本と雑貨のセレクトショップとして、たくさんのパリジェンヌに愛されてきましたが、2011年秋にアトリエショップとして再スタート。もちろんテーマは、クリエーターのアンドレアとラエティティアの大好きな「お料理」。アトリエとしてイベントやワークショップを行うほか、オリジナルのクリエーションを展示販売します。ミルクジャムやクッキーなどのお菓子はすべて、アルゼンチン出身のアンドレアの手づくり。フランスの伝統的なデザインのテキスタイルを素材に、キュートなにわとりが描かれたエプロンやバゲット用バッグといった定番の品はもちろん、新しいアイテムが次々と発表される予定です。

**la cocotte**
5, rue Paul Bert 75011 Paris
métro : Faidherbe Chaligny, Charonne
tél : 09 54 73 17 77
open : tue-sat 12:30-19:00
www.lacocotte.net

左上：お肉屋さんの包み紙をベースに、にわとりをはじめ、ホロホロ鳥、ツル、ガチョウをデザインしたノート。**左中**：いまデザインを開発中のオーブン・ミトンのうしろのカップには、ミルクジャムがたっぷり入ったメレンゲのお菓子。**右上＆左下**：食べたり、お料理をしたりするときのための楽しいグッズがたくさん。**右下**：ロリポップ・チョコレートは、クレルモン＝フェラン市のチョコレート会社で作ってもらっているオリジナル。

83

BOUTIQUES GOURMANDES

お菓子づくりを楽しくしてくれるグッズがたくさん

# MORA

モラ

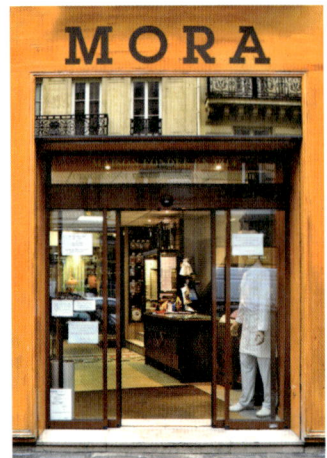

かつてパリの食の中心地だったレ・アールにある「モラ」は、プロフェッショナル御用達のキッチン用品が並ぶショップ。その歴史は1814年からと長く、もともとは金物屋だったシャルル・トロティエがオープンし、1900年以来モラ家がお店を大切に引き継いでいます。フランスでは料理番組が多く、シェフが使っていた調理器具が欲しいとたずねてくる料理好きなパリジャンたちも多いのだそう。お鍋やナイフなどの料理道具はもちろん、このお店で特に充実しているのがお菓子づくりのための道具。ケーキやチョコレート、クッキーなどのためのさまざまな型に、バースデーやアニバーサリー、そしてウェディングのためのデコレーショングッズまで、楽しいオブジェが見つかるお店です。

**MORA**
13, rue Montmartre 75001 Paris
métro : Les Halles
tél : 01 45 08 19 24
open : mon-fri 9:00-18:15
　　　 sat 10:00-13:00, 13:45-18:30
www.mora.fr

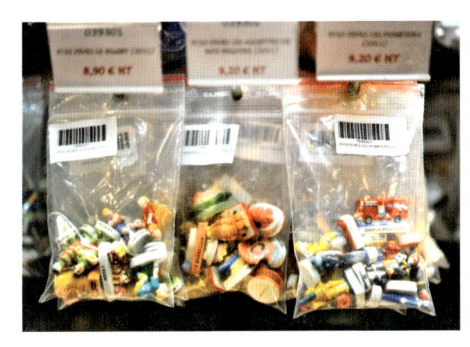

左上：陶器でできたミニチュア人形「フェーヴ」は、カトリックの祝日エピファニーに欠かせないお菓子、ガレット・デ・ロワの中に入れて。右上：ウェディングケーキを飾る花嫁さんと花婿さんの人形は、ふたりのキャラクターにあわせて、個性的なポーズが選べます。左中：エッフェル塔のチョコレート型。左下：サイズもデザインも豊富なお菓子型は迷ってしまうほど。右下：誕生日パーティを盛り上げるアイテムがずらり。

PAPETERIES & PEINTURE

インクにペン、美しい紙でカリグラフィーを楽しんで

# Mélodies Graphiques

メロディー・グラフィック

マレ地区からセーヌ河に抜ける、お散歩するのに気持ちのよいポン・ルイ=フィリップ通りには、紙を専門にしたお店が3軒集まっています。そのうちの1軒が、この「メロディー・グラフィック」。オーナーのエリック・ドゥ・トゥグニィは、もともと生物学者。あるとき友人に結婚式の案内状を書いてほしいと頼まれて、試しに書いてみたところ、とても美しく仕上がり自分でもびっくり！お母さんが皮革装丁をしていたので、装丁や紙にも親しみがあり、カリグラフィーにまつわるお店を開くことに。文字を書くことが楽しくなるような紙やノート、ステーショナリーを扱いながら、メニューや案内状などの代筆業も。古きよきフランスの文化の面影が残る、本物の職人の技を伝えるお店です。

**Mélodies Graphiques**
10, rue du Pont Louis-Philippe 75004 Paris
métro : Pont Marie, Saint-Paul
tél : 01 42 74 57 68
open : mon 14:00-19:00
　　　 tue-sat 11:00-19:00

86

左上：2色の薄紙を使って、ノートとペンそれぞれの形にあわせて美しくラッピング。右上：20色の中から、セピアカラーのインクを選んで。左中：ちょっぴりクラシカルな雰囲気漂う、真ちゅう製のしおり。左下：本を買ったときに、自分の名前を書くために使うシール。右下：オープンした1987年からずっと変わらない店内。便せんや封筒、はがきにノート、えんぴつやはさみなど、美しいものがいろいろ。

PAPETERIES & PEINTURE

このノートに何を書こう？楽しみ広がる文房具屋さん

# PAPIER +

パピエ・プルス

1976年創業の「パピエ・プルス」は、ポン・ルイ＝フィリップ通りにいちばん最初にできた紙の専門店。もともとアートブックや子ども向けの本を作っていた出版社だったローラン・テイスネが、アート紙や印刷の知識をいかしてオープン。本づくりにも使われる、さまざまなバリエーションの紙と、その紙を使ったオリジナルのノートを提案してきました。いまでもローランがデザインしたオリジナルの型をもとに、フランスの職人たちの手によって、すべて手作り。じょうぶで軽い紙や布を素材に、しっかりと装丁されたノートは、日記帳になったり、メモ帳になったり、子どものお絵描き帳になったり。カラーバリエーションやサイズ展開が豊富なので、それぞれの使い方を考える時間も楽しい文房具店です。

**PAPIER +**
9, rue du Pont Louis-Philippe 75004 Paris
métro : Pont Marie, Saint-Paul
tél : 01 42 77 70 49
open : mon-sat 12:00-19:00
www.papierplus.com

左上：えんぴつは、色ごとにオリジナルの木製えんぴつ立てに。左中：20枚の紙とえんぴつがセットになったバインダー。右上：ノートのほかにオリジナル商品として、写真用アルバムや、書類入れボックスなどもカラーバリエーション豊かに展開しています。左下：丸穴が開いた写真用アルバムは、表紙からお気に入りの写真がのぞくように。右下：パリの通り名を記した標識をイメージしたラベル。

PAPETERIES & PEINTURE

シックでモダンな紙製品と出会える、紙のギャラリー

# CALLIGRANE

カリグランヌ

紙のギャラリーのような雰囲気の「カリグランヌ」は、紙が大好きというアナ・バルスのお店。もともとはカンヌでオープンし、昔からの友だちの「メロディ・グラフィック」のエリックの紹介で、パリのポン・ルイ=フィリップ通りに引っ越してきました。旅が好きな彼女は、外国で出会っためずらしい紙をたくさん取り揃えています。店内は、新しい紙との出会いにあふれた空間。定番の紙は、クオリティや美しさはもちろん、制作工程を大切にしているので、メーカーとのコミュニケーションを大事にしているというアナ。自らデザインしたシックな色あいが特徴的なオリジナルのノート、封筒や便せん、カードがずらり。アーティストとのコラボレーション・カードも人気のアイテムです。

**CALLIGRANE**
6, rue du Pont Louis-Philippe 75004 Paris
métro : Pont Marie, Saint-Paul
tél : 01 48 04 09 00
open : tue-sat 12:00-19:00
www.calligrane.info

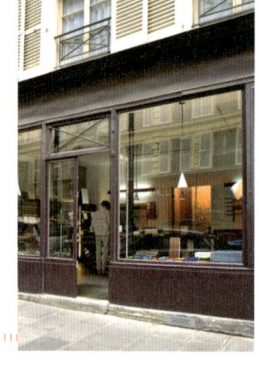

左上：フランスの若いアーティスト、モード・ヴェントーズが作ったカード。左中：紙と共通性があるレザー製品の取り扱いもスタート。このお財布は、ジャン・フランソワーズ・カドレのデザイン。右上：黒と白をベースにしたシンプルな店内では、紙の魅力を感じるために美しい光が大切。左下：シャルロット・ドゥレインとのコラボレーション・カード。右下：ハンドメイドで手がけられたオリジナル・ノート。

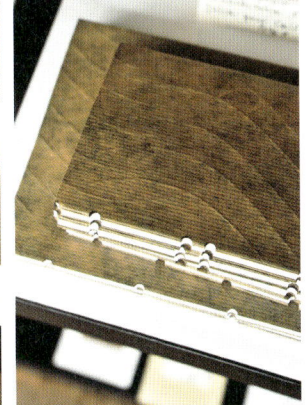

PAPETERIES & PEINTURE

## フランス美術の歴史とともに歩んできた画材屋さん
# SENNELIER
セヌリエ

ルーブル美術館のすぐそば、フランスの美術の歴史とともに歩んできた、老舗の画材屋さん「セヌリエ」。色が大好きだった創立者のグスタヴ・セヌリエは、自分の色を作りたい一心から、1887年にこの画材屋さんを引き継ぎ、化学を学び、オリジナルの顔料を手がけてきました。19世紀には、お客さまの目の前で顔料を配合。油絵の具を一緒に開発したセザンヌをはじめ、ボナールや、モジリアニ、カンディンスキー、ピカソなども、お店に訪れていたのだそう。あらゆる種類の絵の具、インク、紙、筆、ナイフ、スケッチ帳など、ほとんどがオリジナル商品。いまではグスタヴの孫のドミニクと娘さんが引き継ぎ、セヌリエ家の伝統を守って、月曜の午後には必ず店頭に立ち、お客さまの相談にのっているそう。

**SENNELIER**
3, quai Voltaire 75007 Paris
métro : Palais Royal, Rue du Bac,
　　　　Saint-Germain
tél : 01 42 60 72 15
open : mon 14:00-18:30
　　　　tue-sat 10:00-12:45, 14:00-18:30
www.magasinsennelier.com

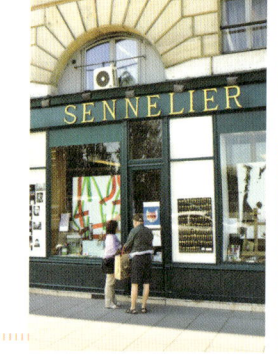

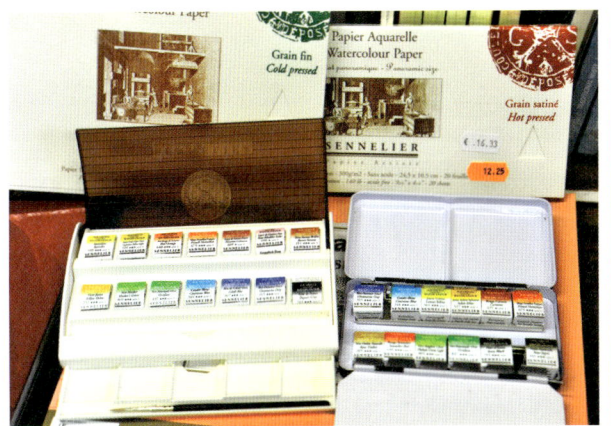

左上：オリジナルの高級アクリル絵の具ボックス。右上：ポケットサイズのノート「クルール・デュ・ケ・ヴォルテール」は1887年から続くアイテム。左中：テクスチャーが特別なチューブ入りアクリル絵の具「エクストラ・フィヌ」。左下：19世紀末にドガのために作ったというパステル。ハーフサイズのパステル80色が入ったボックス。右下：色のためのお店という姿を守り、1900年から変わらない店内。

MERCERIE, TRICOT & BRODERIE

ハンドメイドのアイデアと素材が詰まったお裁縫箱

# la droguerie

ラ・ドログリー

ありとあらゆる素材のボタンに、ビーズ、スパンコール、色とりどりのリボン……。手作りを楽しめる材料がなんでも揃う「ラ・ドログリー」は、1975年にオープンした手芸用品屋さん。いまではフランスと日本でお店を展開していますが、第一号店がこのレ・アール地区にあるお店。もともとお肉屋さんだった空間をリノベーションした店内には、お肉を吊るすフックがそのまま残されていて、糸をカラフルにディスプレイ。2011年春に店内をリフォームして、布と毛糸のコーナーがさらに広がりました。素敵な素材が揃うだけでなく、ハンドメイド好きなスタッフからアドバイスを受けられるのがこのお店の魅力。たくさんのお客さまで混みあうお昼よりも、オープン近い朝の時間に訪ねるのがおすすめです。

**la droguerie**
9-11, rue du Jour 75001 Paris
métro : Etienne Marcel, Les Halles
tél : 01 45 08 93 27
open : mon 14:00-18:45
　　　 tue-sat 10:30-18:45
www.ladroguerie.com

94

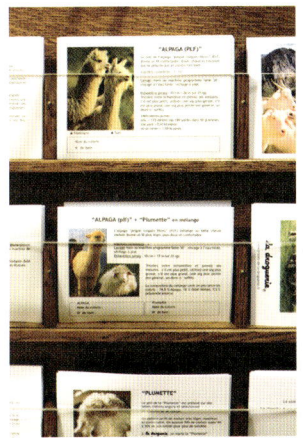

**左上**：丸く抜いたプリント布地セットは、ガーランドにしたり、パッチワークしたり、カスタマイズを楽しめます。**左中**：アルパカ、ラマ、ムートンなど毛糸の種類や使い方を説明したカード。**右上**：新しくできた布と毛糸のコーナーには、のみの市で見つけた学校用のイスを取り入れて。**左下**：キャンディーのように並ぶ色とりどりのボタンたち。**右下**：ブレスレット作りのための素材がセットになったハンドメイド・キット22€。

MERCERIE, TRICOT & BRODERIE

ちくちく針をさす、刺しゅうから生まれる喜び

# Le Bonheur des Dames

ル・ボヌール・デ・ダム

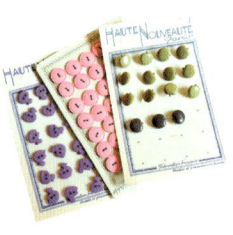

エミール・ゾラの小説のタイトルから名前がつけられた「ル・ボヌール・デ・ダム」は、その名のとおり、しあわせが詰まった手芸品屋さん。オートクチュールのテクニックを学んだセシール・ヴェシエールが、モダンで美しい刺しゅうのモデルを提案。お花にアルファベットを組みあわせたモチーフからはじまり、すこしずつコレクションを増やしてきました。このお店はバスティーユからヴァンセンヌの森にのびる赤れんがづくりの橋、ヴィアデュック・デ・ザールの高架下に1995年にオープン。ロフトでは刺しゅう教室も開催しています。セシールがデザインした刺しゅうキットをはじめ、子ども向けやレトロなモチーフなど、さまざまな刺しゅうモデルと出会うことができます。

**Le Bonheur des Dames**
17, avenue Daumesnil 75012 Paris
métro : Gare de Lyon, Bastille, Ledru Rollin
tél : 01 43 42 06 27
open : mon-sat 10:30-19:00
www.bonheur-des-dames.biz

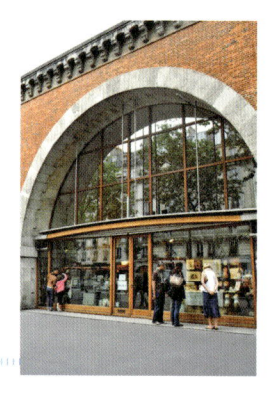

左上：パリのモニュメント、エッフェル塔をはじめ、お花など100柄ほどのバリエーションがあるという刺しゅう入りのしおり。左中：ポーチに刺しゅうをほどこして。右上：昔から手芸屋さんで使われている丸いカウンターを店内の中央に。左下：ディテールまで美しい、刺しゅう用のはさみ。中には鍛冶職人が手がけたハンドメイドのものも。右下：セラミックでできたカラフルな指ぬき。

MERCERIE, TRICOT & BRODERIE

昔ながらの手芸屋さんの魅力を引き継いで

# Le Comptoir

ル・コントワール

いつも手元でなにかを作りながらバルバラが迎えてくれる「ル・コントワール」は、1861年から続く手芸屋さんで、2004年からバルバラがオーナーに。お店はノートルダム・ドゥ・ロレット教会のすぐ近くで、19世紀の手芸屋さんの木製のインテリアがそのままいかされていて、あたたかく居心地のいい雰囲気。風合いのある棚に、昔ながらの縫い糸、リボンやボタン、布、型紙などが並びますが、「ル・コントワール」の専門は編み物。ウールやコットン、竹にシルクなど、さまざまな素材の編み糸が揃っています。はじめて編み物をするという若いパリジェンヌも、毛糸をコレクションしているというマダムもハンドメイドを愛する気持ちは一緒。教えたり、教えられたり、おしゃべりに花咲く空間です。

### Le Comptoir
26, rue Cadet 75009 Paris
métro : Cadet
tél : 01 42 46 20 72
open : mon 13:00-19:00
　　　 tue-sat 11:00-14:00, 14:30-19:00
lecomptoir.canalblog.com

98

左上：ロシアの女性がペイントした飾り付き編み物棒9.90€。左中：フランスの手芸用品の老舗メーカー「サジュー」のジャガード織リボンは、ドイツ製で今世紀初頭から作り続けられているもの。右上：1861年からずっと使われてきた木製の家具がそのまま残る店内。右下：かわいらしい飾りがついた「バタフライ・クチュール」の待ち針セット。右下：編み物のときに使う待ち針「ニットプロ」は、バルバラおすすめの品。

99

MERCERIE, TRICOT & BRODERIE

おばあちゃんの時代の貴重な手芸用品がずらり

# Ultramod
ウルトラモッド

ファッション関連の卸問屋さんが多いサンティエからも近い場所にある「ウルトラモッド」。1830年から続く手芸用品屋さんと、1880年にオープンした帽子づくりのための素材が手に入る材料屋さんの2店が、ショワソル通り沿いに向かいあっています。歴史の長いお店だけあり、1930年代の手芸用品や、50年代のベロアやサテンのリボンなど、時を経たデッドストックのめずらしいアイテムがたくさん。ヴィンテージのベロアのリボンは、肌触りがやさしく、色あいもとても繊細。リボンのロールがたくさん並んだボックスを見ているだけで、しあわせな気分になります。昔からのストックは、いま店頭に出ているだけになるので、もし掘り出し物を見つけたら、すぐ手に入れるようにして。

**Ultramod**
3 et 4, rue de Choiseul 75002 Paris
métro : Quatre Septembre
tél : 01 42 96 98 30
open : mon-fri 10:00-18:00

100

左上：フランスのおばあちゃんのキッチンを思い出す、ノスタルジックなリボン。右上：ヴィスコース素材のストライプ・リボンは、40〜50年代のもの。左中：もともとはカーテンやイスなどインテリア小物に使われていたガロンテープ。左下：モーリシャス共和国のロドリゲス島で作られたリボン。右下：お客さんが持ってきた古いミシンが、いまでは店内に12台あるそう。カウンター近くに置いたミシンは1880年代のもの。

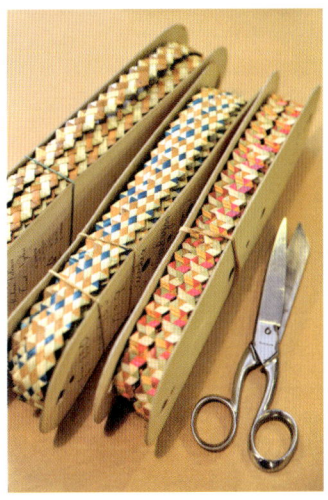

101

MERCERIE, TRICOT & BRODERIE

ひと針ひと針、愛情をこめて、リネン布に刺しゅう

# La Croix & La Manière

ラ・クロワ・エ・ラ・マニエール

赤いラインがアクセントになったフランスのリネン布のようにペイントした外観が愛らしい「ラ・クロワ・エ・ラ・マニエール」は、モニックが立ちあげた刺しゅうのアトリエショップ。刺しゅうはそんなに難しくないので気軽に楽しんでほしいというモニックは、刺しゅうにまつわる著書もたくさん。彼女がデザインしたモデルは伝統的でありながら、モダンで「いま」を感じられるオリジナルのものばかり。店内に並ぶ見本の作品も購入できますが、刺しゅうがほどこされる前のポーチやポシェットがあるので、そこに自分で刺しゅうをさしていくのもおすすめ。量り売りのリネン布やフェルト、小さな裁縫ばさみや待ち針など、すぐに刺しゅうがはじめられる道具が並びます。

**La Croix & La Manière**
36, rue Faidherbe 75011 Paris
métro : Faidherbe Chaligny, Charonne
tél : 01 43 72 99 09
open : tue-sat 12:00-19:00
www.lacroixetlamaniere.com

左上：フランスの伝統的なテキスタイルの柄をモチーフにしたアルファベットのクロスステッチ・モデルを紹介したマニエールの最新著書。右上：壁にはたくさんの刺しゅうサンプルがずらり。左下：ロールになっているリネンのガロンテープは、メートル単位で販売。右中：リネンのリボンに手刺しゅうをほどこしたサンプルは、マニエールのアイデアのひとつ。右下：質のいい特別なリネンを使ったポシェットとポーチ。

JARDINAGE & ANIMAUX

プリンスによる、エレガントで機能的なガーデングッズ

# Le Prince Jardinier - Deyrolle

ル・プランス・ジャルディニエ＝デイロール

オルセー美術館やボン・マルシェがある、シックなカルチエにある「ル・プランス・ジャルディニエ＝デイロール」。1831年から続く「デイロール」は昆虫や植物の標本、動物のはく製を扱うお店で、動物学や植物学、地理学などさまざまな研究機関や学校の教材も制作してきました。デイロール家のあとに、このお店を引き継いだのがブロイユ公爵家の王子、ルイ・アルベール・ドゥ・ブロジル。ロワール河流域地方に城を持つブロジル家は、広大な庭にフランス式菜園を持ち、王子はガーデニングに取り組んでいます。美しくエレガントで機能的な道具が欲しいと立ち上げたのが「ル・プランス・ジャルディニエ」。ずっと長く使い続けることができるガーデングッズを数多く発表しています。

**Le Prince Jardinier - Deyrolle**
46, rue du Bac 75007 Paris
métro : Rue du Bac
tél : 01 44 55 07 15 / 01 42 22 30 07
open : mon 10:00-13:00, 14:00-19:00
　　　　tue-sat 10:00-19:00
www.princejardinier.fr
www.deyrolle.fr

左上：バラやランなど、植物の香りのパルファン「ロー・ドゥ・プランス・ジャルディニエ」。左中：植物の精密画をデザインした「デイロール」オリジナルのノート。右上：1階にはガーデニング用品やガーデン家具など「ル・プランス・ジャルディニエ」のコレクションをディスプレイ。左下：リュクサンブール公園にあるベンチをモチーフにした、3人掛けベンチ。右下：ブランドのエンブレムをモチーフにしたフック。

左上：「デイロール」で130年前に作られた図版集をベースにしたカードゲーム。右上：苗を運ぶバスケットは、ピクニックでもワインなどのボトル用バスケットとして活躍。左下：2階の「デイロール」の売り場に続く階段。右中：19世紀のモデルを参考にしたじょうろや、厚手のキャンバス地で作った帽子とエプロン。右下：庭用のナチュラルな質感の糸は、ラッピングにも使えそう。

106

上：「デイロール」が出版した本をはじめ、学校で使われるポスター、植物や動物に関する本が集められたコーナー。左中：ここで扱われるはく製はすべて命を全うした動物ばかり、証明書が添えられています。左下：美しい貝がディスプレイされたガラス棚。右下：訪れる人たちに強いインパクトを与えるアフリカの動物コーナー。この場を離れなくなる子どもたちも多いのだそう。

JARDINAGE & ANIMAUX

飼い主もペットたちも喜ぶ、楽しいペットグッズ

# moustaches
ムスタシュ

マレ地区にある「ムスタシュ」は、おもちゃ、お散歩、おしゃれ、健康、食事、おやすみ、飼い主という7つのキーワードに沿って構成された、犬や猫などのペットのためのコンセプトストア。オーナーは、「パリにはモダンできれいなペット用品のお店がないよね」とよく話していたというフレデリックとグレゴリー。もちろん、ふたりとも犬を飼っているのだそう。お店に並ぶ商品はすべて、彼らが自ら選んだものばかり。フランスで定評のあるメーカー「ロイヤル・カナン」「プロプラン」「マルタン・セリエ」「ワッピー」などの商品を中心に、実用性はもちろん、おしゃれに楽しめる首輪や洋服、お散歩のためのリードにインテリア雑貨も。飼い主もペットも楽しい気分になれる雑貨がたくさん集まっています。

moustaches
32, rue des Archives 75004 Paris
métro : Hôtel de Ville
tél : 01 42 71 05 21
open : mon-fri 9:30-19:30
        sat 9:30-20:00
        sun 12:00-19:30
www.moustaches.fr

**左上**：外側はメラニン素材、内側はステンレスになっていて食洗機で洗うことができるボウル。**右上**：パリのおみやげにぴったり「アイ・ラブ・パリ」の洋服は、チワワからブルドッグまでサイズが揃っています。**左中**：色も柄もおしゃれなリード。**左下**：2011年に発表されたフランス製リード。冬にはリードとコーディネートできるコートも登場する予定。**右下**：「ファットボーイ」のクッションは、ペットたちの憩いの場所に。

BOUTIQUES VINTAGE

古いオブジェとの偶然の出会いが、誰かの喜びに

# Au Petit Bonheur La Chance

オー・プチ・ボヌール・ラ・シャンス

マレ地区にあるアンティーク屋さん街ヴィラージュ・サンポール。複雑に連なったアパルトマンに囲まれてできた石畳の中庭に、たくさんのアンティーク屋さんが集まっていて、古いオブジェ好きたちのお散歩にぴったりの場所です。その中でもさまざまな種類のヴィンテージ・オブジェがぎっしりと、美しくディスプレイされた様子が目を引く「オー・プチ・ボヌール・ラ・シャンス」は、小さな発見に満ちあふれる空間。ホーローの小さなサインボードに、キャニスター缶、カフェオレ・ボウル、テーブルクロス、ノートやえんぴつ、ポストカード……。おばあちゃんのおうちや学校など、子ども時代を思い出すノスタルジックなオブジェが、オーナーのマリア・ピア・ヴェルニエの手で集められています。

**Au Petit Bonheur La Chance**
13, rue Saint-Paul 75004 Paris
métro : Saint-Paul, Pont Marie
tél : 01 42 74 36 38
open : mon & thu-sat 11:00-13:00, 14:30-18:30
　　　 sun 14:00-18:30

上：ショーウィンドウのディスプレイもマリアの楽しみのひとつ。太陽の光の入り方がすこし変わったら、ディスプレイも替えて。**左下**：コットン製のキッチンクロス6〜13€。**右中**：「ムーラン・デ・ルー」の60年代のカフェオレ・ボウル。状態がいいものを探すのは難しくなってきているそう。ナンバープレートは、ホテルや劇場などで使われていたもの。**右下**：65〜70年代の子ども用ハンカチ3€。

左上：学校で子どもたちがよい点をもらうと、ごほうびにもらえるカード。右上：東欧からやってきた60年代のきのこ型スパイス入れ。左下：小さなヴィンテージ・オブジェがたくさんの店内。学校で使われていた教科書、歴史の本、広告が入った缶などテーマ別に並んでいます。右中：60年代のボタン。右下：お店から大量にデッドストックで引き取ったという、パリのおみやげポストカードは55〜60年代のもの。

Dégustation de GLACES

ANCIEN CABINET VILLAIN
A. DESSEZ
Géomètre
SUCCESSEUR DE J. PASQUIOT
Mardi et Samedi avant Midi

BOUTIQUES VINTAGE

古いオブジェたちのおしゃべりが聞こえてくるよう

# Madame Chose

マダム・ショーズ

70年代から80年代にフランスの子どもたちが夢中になったシリーズ本のキャラクターから店名をつけた「マダム・ショーズ」は、毎日の暮らしの中で使われる小さなヴィンテージ・オブジェと家具をミックスしたショップ。オーナーは、週末になるとご主人と一緒に、のみの市をはしごしていたというメラニー。いまでもヴァカンスになると、ご主人と一緒にトラックに乗って地方まで出かけ、たくさんの古いオブジェを積みこんで帰ってきます。店内のインテリアは古いオブジェが映えるように、ニュートラルでピュアな空間に。ディスプレイでは家に持ち帰ったときに、どんな場所に置いて、どんなふうに飾ろうかとお客さんのアイデアがわくように心がけているという、メラニーの遊びごころも感じられます。

**Madame Chose**
94, rue Nollet 75017 Paris
métro : Brochant
tél : 06 87 11 76 86
open : tue-fri 13:00-19:30
　　　 sat 11:00-19:30
www.madamechose.fr

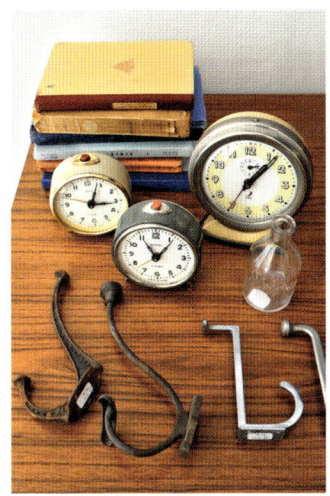

左上：30〜80年代の目覚まし時計とフックは、のみの市でもすぐに目に入ってくるというメラニーお気に入りのアイテム。左中：ノスタルジックなデザインにひかれる小さな缶と、昔ビストロで使われていたグラス。右上：60年代のデスクの上には、学校を思わせるディスプレイをして。左下：ホーローのキャニスター・セット90€。右下：薬局で使われていた木製ボックス35€と、ガラス瓶やスパイス入れ4〜10€。

BOUTIQUES VINTAGE

夢の世界から飛び出した、ノスタルジックなオブジェ

# Tombées du Camion

トンベ・デュ・カミオン

ここを訪れる、すべての人たちの胸に思い出がこみあげてきて、恋に落ちてしまうようなオブジェが見つかる空間を作りたいというシャルル・マス。もともと古物を扱う仕事をしていた彼は、仲間たちが買わないようなものこそ、おもしろいと感じるようになり、工場などに残っていたストックをひきとって「トンベ・デュ・カミオン」をオープン。靴づくりのための木型、人形の目のパーツ、結婚式の招待状や試験管など、個性的なアイテムが集まりました。いまではパッサージュ・デ・パノラマ店のほかにも、2店舗を展開。ノスタルジックなオブジェに新しい輝きを与えるのが、ユニークなディスプレイ。ちょっと不思議で、ドキドキするようなストーリー豊かな世界が広がります。

**Tombées du Camion**
44 / 47, passage des Panoramas 75002 Paris
métro : Grands Boulevards, Bourse
tél : 09 81 21 62 80
open : mon-sun 13:00-20:00
www.tombeesducamion.com

**左上**：シャルルのお気に入りは、20年代のハーモニカがくっついたトランペット。**左中**：頭に脚だけという、不思議な人形は50年代のもの。**右上**：店内の家具はのみの市で見つけたり、自分で作ったりしたものばかり。ディスプレイにはインダストリアルな雰囲気のボックスが活躍。**左下**：手紙に添えたり、デコレーションに使ったりしていたクロモス。天使のモチーフは30年代のもの。**右下**：30年代の釣り道具屋さんのカード。

BOUTIQUES VINTAGE

カラフルでポップな子どものためのヴィンテージ雑貨

# Minibus Petit Bazar Vintage

ミニバス・プチ・バザール・ヴィンテージ

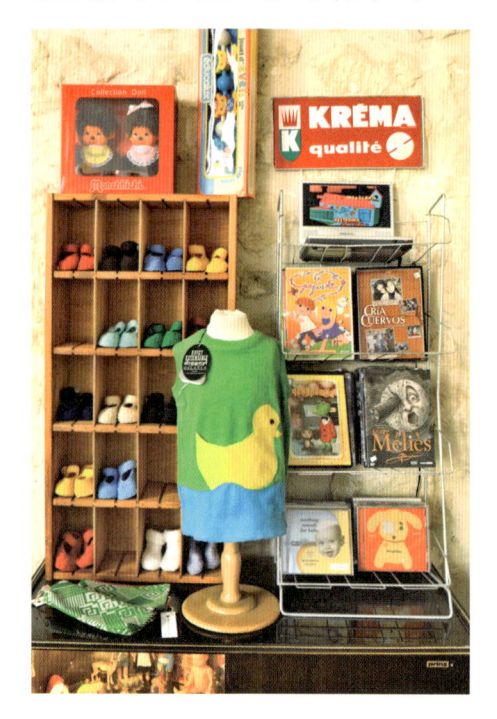

子どもたちのためのポップ・ミュージックのバンド「ドラジバス」で、ボーカルをつとめていたロール。ミュージシャンとしての活動にひと息つきたいと、のみの市が好きだった彼女は、古いレコードやおもちゃを集めはじめ、この「ミニバス・プチ・バザール・ヴィンテージ」が生まれました。おもちゃや本、家具、洋服にバッグなど、50年代から80年代の子どものためのヴィンテージ雑貨とともに、子どものころを思い出させるレトロな雰囲気がただよう雑貨もセレクト。50年代にポピュラーだったメラミン樹脂の天板のテーブルや棚などを使って、子ども部屋のように楽しくディスプレイしています。午後になると、お隣にあるショコラティエで買った、おやつを手にやってくる子どもたちでにぎわいます。

**Minibus Petit Bazar Vintage**
4, rue Monte-Cristo 75020 Paris
métro : Alexandre Dumas
open : wed-fri 12:00 -19:00
sat 11:00 -19:00
minibuspetitbazarvintage.blogspot.com

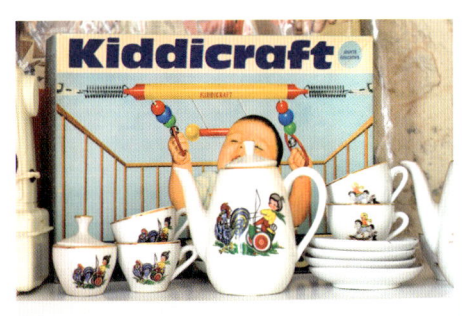

**左上**：70年代のおもちゃのティーセット。**右上**：ロールも子どものころから大好きだったというフランスで有名なゲーム「ル・コション・キ・リ」。**左中**：電池で動く日本生まれの犬のおもちゃと、頭は紙、身体は布でできたフランス生まれの女の子人形。**左下**：水泳のあとに着るタオル地のスイム・ドレスは、リバンベル社の70年代のデッドストック。**右下**：中央に置いた、古い食料品屋さんのディスプレイ棚には5€までのおもちゃを入れて。

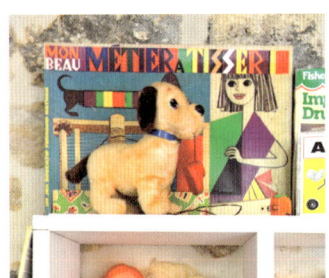

左上：「プチ・バトー」のデッドストック布地で作ったオリジナルのスイムウェア。左中：デッドストックのテディベアと、オーガニック素材で作られたポーランド製のミニクッション。右上：70年代のデッドストック布地で作ったバッグと、子どもサイズの古着を棚に並べて。左下：60年代の子ども用自転車にかけたブルーの布バッグはキリアの女の子のスクールバッグ。右下：ロールがイラストを手がけた「ミニバス」のカード。

壁にディスプレイしたエプロンは、スタイリストとして活躍するロールの友だちが手がけるブランド「ヘンリー・エ・ヘンリエッテ」のもの。

BOUTIQUES VINTAGE

アパルトマン・スタイルのチャリティーショップ

# L'appartement Emmaüs au 104

ラパルトマン・エマウス・オー・104

パリ19区に、2008年にできた広大なカルチャースポット「104/ソンキャトル」。アーティストの展示会やワークショップなどのイベントが行われる施設内には、おいしいレストランやカフェ、本屋さんなどもあり、1日中楽しむことができます。その中のショップのひとつが「ラパルトマン・エマウス・オー・104」。エマウスは仕事につけない困難な状況にいる人たちのサポートをしている団体で、その活動のひとつがチャリティーショップ。いままでのエマウスは欲しい商品を探すのに時間がかかりましたが、この店舗はアパルトマン・スタイルという新しいコンセプト。キッチンやリビング、ベッドルームと部屋ごとに分かれているので、商品も見やすく、イメージがわきやすい空間です。

### L'appartement Emmaüs au 104

5, rue Curial 75019 Paris
métro : Riquet, Crimée, Stalingrad,
　　　　Marx Dormoy
open : wed-fri 15:00-18:00
　　　 sat 12:00-19:00
www.104.fr

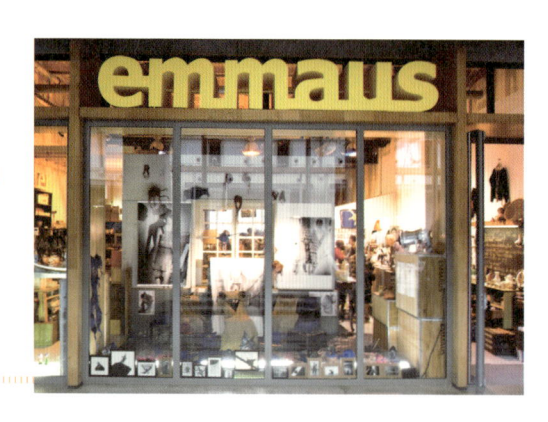

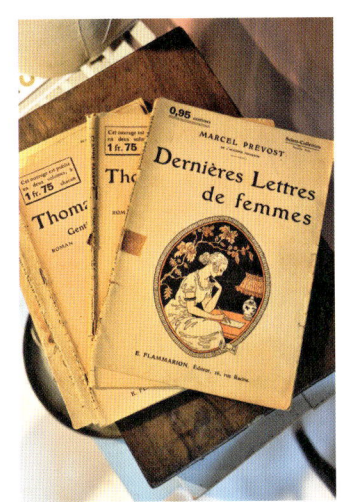

左上：タイポグラフィーやデザインの参考になりそうな古い本もいろいろ。左中：「manger 食べる」コーナーで見つけたデザートプレート。右上：壁には、コーナーのテーマを示す黄色いサイン。ブルーに染められたばかりのシーツがずらりと干されているのも、アパルトマンの雰囲気。左下：ヴィンテージのイスをブローチでデコレーション。右下：シャクヤクの花が描かれた、イギリス製のティーセット。

123

BOUTIQUES VINTAGE

さまざまな時代のオブジェから生まれるハーモニー

# Pudding
プディング

たくさんのアンティーク屋さんが集まるマルシェ・ポパンクールにある「プディング」。オーナーのステファンはもともとカメラマンでしたが、古いオブジェに夢中で、写真の仕事をしながら、このお店をオープン。小さなお菓子型やマッチ箱、観光地のポストカード、ボタンやハンガーなど小さなオブジェが、特にお気に入りというステファン。カメラマンでもあるので、ノスタルジックな写真を多く集めていて、特に気に入ったものは手元に残しておくことも。毎日の暮らしの中で使えるような便利なもの、飾ってきれいなもの、特にルールはなく心にぴんときたものをセレクト。20～70年代までと時代も幅広く、いろいろなスタイルのオブジェを集めることで、ここにしかないハーモニーが生まれています。

### Pudding
24, rue du Marché Popincourt 75011 Paris
métro : Parmentier, Oberkampf,
　　　　Saint-Ambroise
open : wed-fri 12:00-19:00
　　　 sat-sun 14:00-19:00

左上：薬局で30年代に使われていたキャニスターや、ハンドペイントがほどこされたガラス箱、50～60年代の装飾がきれいなお菓子型など、さまざまなオブジェをデスクの上に並べて。右上：フランスの各地方の伝統的なコスチュームが描かれたマッチ箱。左中：プラスチック製のナイトランプ。左下：50年代の立体鏡。右下：20年代イタリアのシャンデリアや、60年代のチーク材のテーブルなど家具も販売しています。

## toute l'équipe du livre

**édition PAUMES**

Photographe : Hisashi Tokuyoshi

Design : Kei Yamazaki, Megumi Mori

Illustrations : Kei Yamazaki

Textes : Coco Tashima

Coordination : Marie Mersier

Conseil aux textes Français : Fumie Shimoji

Éditeur : Coco Tashima

Sales Manager : Rie Sakai

Art direction : Hisashi Tokuyoshi

Contact : info@paumes.com   www.paumes.com

Impression : Makoto Printing System

Distribution : Shufunotomosha

*Nous tenons à remercier tous les Kawaii Stores qui ont collaboré à ce livre.*

**édition PAUMES** ジュウ・ドゥ・ポウム

ジュウ・ドゥ・ポウムは、フランスをはじめ海外のアーティストたちの日本での活動をプロデュースするエージェントとしてスタートしました。
魅力的なアーティストたちのことを、より広く知ってもらいたいという思いから、クリエーションシリーズ、ガイドシリーズといった数多くの書籍を手がけています。近著には「フィンランドのアパルトマン」「東京のおうちアトリエ」などがあります。ジュウ・ドゥ・ポウムの詳しい情報は、www.paumes.comをご覧ください。

また、アーティストの作品に直接触れてもらうスペースとして生まれた「ギャラリー・ドゥー・ディマンシュ」は、インテリア雑貨や絵本、アクセサリーなど、アーティストの作品をセレクトしたギャラリーショップ。ギャラリースペースで行われる展示会も、さまざまなアーティストとの出会いの場として好評です。ショップの情報は、www.2dimanche.comをご覧ください。

# Kawaii Stores Paris
パリの雑貨屋さん

2011 年　10 月 31 日　初版第　1 刷発行

著者：ジュウ・ドゥ・ポゥム

発行人：徳吉 久、下地 文恵
発行所：有限会社ジュウ・ドゥ・ポゥム
　　　　〒 150-0001 東京都渋谷区神宮前 3-5-6
　　　　編集部 TEL / 03-5413-5541
　　　　www.paumes.com

発売元：株式会社 主婦の友社
　　　　〒 101-8911 東京都千代田区神田駿河台 2-9
　　　　販売部 TEL / 03-5280-7551

印刷製本：マコト印刷株式会社

Photos © Hisashi Tokuyoshi
© édition PAUMES 2011 Printed in Japan
ISBN978-4-07-280732-3

Ⓡ ＜日本複写権センター委託出版物＞
本書（誌）を無断で複写複製（コピー）することは、著作権法上の例外を除き、禁じられています。本書（誌）をコピーされる場合は、事前に日本複写権センター（JRRC）の許諾を受けてください。
日本複写権センター（JRRC）
http://www.jrrc.or.jp　eメール：info@jrrc.or.jp　電話：03-3401-2382

＊ 乱丁本、落丁本はおとりかえします。お買い求めの書店か、
　 主婦の友社 販売部 03-5280-7551 にご連絡下さい。
＊ 記事内容に関する場合はジュウ・ドゥ・ポゥム 03-5413-5541 まで。
＊ 主婦の友社発売の書籍・ムックのご注文はお近くの書店か、
　 コールセンター 049-259-1236 まで。主婦の友ホームページ
　 http://www.shufunotomo.co.jp/ からもお申込できます。

# ジュウ・ドゥ・ポゥムのクリエーションシリーズ

### 時を経た美しさを持つオブジェが集まる宝石箱
### Paris Brocante
### パリのアンティーク屋さん

著者：ジュウ・ドゥ・ポゥム
ISBNコード：978-4-07-260400-7
判型：A5・本文128ページ・オールカラー
本体価格：1,800円（税別）

### 本を探しに、街に出よう！本好きのためのパリガイド
### Paris Bouquins
### パリの本屋さん

著者：ジュウ・ドゥ・ポゥム
ISBNコード：978-4-07-261574-4
判型：A5・本文128ページ・オールカラー
本体価格：1,800円（税別）

### おいしくて、かわいらしいパリのお菓子がたくさん
### Pâtisseries à Paris
### パリのお菓子屋さん

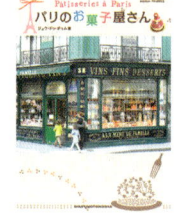

著者：ジュウ・ドゥ・ポゥム
ISBNコード：978-4-07-267890-9
判型：A5・本文128ページ・オールカラー
本体価格：1,800円（税別）

### パリならではのチョコレートを楽しむ44店
### Chocolats à Paris
### パリのチョコレート屋さん

著者：ジュウ・ドゥ・ポゥム
ISBNコード：978-4-07-275978-3
判型：A5・本文128ページ・オールカラー
本体価格：1,800円（税別）

### グルメの街パリ、とっておきのおいしいおみやげ
### Délicieux Souvenirs de Paris
### パリのおいしいおみやげ屋さん

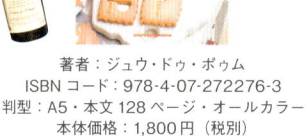

著者：ジュウ・ドゥ・ポゥム
ISBNコード：978-4-07-272276-3
判型：A5・本文128ページ・オールカラー
本体価格：1,800円（税別）

### パリの季節の花と、クリエイティヴなフローリストたち
### Paris des fleurs et des fleuristes
### パリの花とフローリスト

著者：ジュウ・ドゥ・ポゥム
ISBNコード：978-4-07-264963-3
判型：A5・本文128ページ・オールカラー
本体価格：1,800円（税別）

www.paumes.com

ご注文はお近くの書店、または主婦の友社コールセンター(049-259-1236)まで。
主婦の友社ホームページ(http://www.shufunotomo.co.jp/)からもお申込できます。